江苏医药产学研融合机制研究

曹　阳／著

吉林大学出版社
·长春·

图书在版编目（CIP）数据

江苏医药产学研融合机制研究 / 曹阳著. -- 长春：吉林大学出版社, 2020.7
ISBN 978-7-5692-6663-4

Ⅰ. ①江… Ⅱ. ①曹… Ⅲ. ①制药工业－产学研一体化－研究－江苏 Ⅳ. ①F426.77

中国版本图书馆CIP数据核字(2020)第113034号

书　　名：江苏医药产学研融合机制研究
JIANGSU YIYAO CHAN-XUE-YAN RONGHE JIZHI YANJIU

作　　者：曹　阳　著
策划编辑：李承章
责任编辑：安　斌
责任校对：刘守秀
装帧设计：刘　丹
出版发行：吉林大学出版社
社　　址：长春市人民大街4059号
邮政编码：130021
发行电话：0431-89580028/29/21
网　　址：http://www.jlup.com.cn
电子邮箱：jdcbs@jlu.edu.cn
印　　刷：北京虎彩文化传播有限公司
开　　本：787mm × 1092mm　　1/16
印　　张：8.5
字　　数：150千字
版　　次：2020年7月　第1版
印　　次：2020年7月　第1次
书　　号：ISBN 978-7-5692-6663-4
定　　价：68.00元

前　言

医药产业是国民经济的重要组成部分，被称为“永远的朝阳产业”，在各国的产业体系和经济增长中都起着举足轻重的作用，尤其新药创新是医药产业的重中之重，而产学研合作又是推动新药创新的有力手段。近年来，随着技术创新对产业以及经济的影响越来越大，中央政府对产学研合作给予了高度关注，党的十八大报告明确提出，要实施创新驱动发展战略。其中，要着力构建以企业为主体、市场为导向、产学研相结合的技术创新体系。党的十九大报告则是在此基础上再次强调：“创新是引领发展的第一动力，是建设现代化经济体系的战略支撑。”

然而产学研合作快速发展的背后仍存在许多问题，导致了产学研合作创新效率低下。首先，政策引导力度不足，且缺乏针对性。许多企业向往进行产学研合作，然而由于缺少合作经验，且鲜有针对性的引导政策，使其在寻求合作对象时存在盲目性，导致最终的合作效果不佳。再有，产学研合作仍停留于表面，合作的形式大多还是以技术转让、单次的项目合作为主，高校与企业联合开设的创新创业教育课程数量屈指可数，难以实现可持续创新。除此之外，企业的主要价值观念是获取经济利益，而高校等知识主体的价值观念往往是追求学术创新，不同的价值观念致使产学研合作的创新效率十分低下。

因此，本书将江苏省医药产学研融合机制研究作为选题，基于江苏省产学研合作现状探寻产学研的发展态势，通过问卷调查、数据分析和模型实证研究分析合作过程中产生的问题及其原因，从政府、企业与高校角度提出对策建议，为解决当前产学研发展盲目性、表面化等问题，从而提高产学研合作创新的效率，实现可持续创新提供参考。

目　录

第一章　江苏省医药产业产学研合作现状分析

创新作为经济发展的内在驱动力，对于当前我国创新型国家的建设具有重要意义。产学研合作指高校、企业和科研院所为了实现其技术创新的目标而建立在良好合作预期之上的，以合作主体间优势互补为手段，利益共享为目的，技术服务、科研攻关为实质的共同发展的活动过程。国际先进经验表明，产学研合作是促进一国或地区经济社会发展和技术创新的有效形式，是创新体系建设的重要组成部分，对促进科技成果转化和产业转型升级具有重要意义。医药产业是国民经济的重要组成部分，被称为“永远的朝阳产业”，在各国的产业体系和经济增长中都起着举足轻重的作用，尤其新药创新是医药产业的重中之重，而产学研合作又是推动新药创新的有力手段。

近年来，我国各地政府对产学研合作给予了高度关注，江苏省坚持强化政府主导，提高合作层次，创新工作体系，大力促进产学研合作，提升省内企业创新能力，以加快建设创新型省份的步伐。为了更清晰地掌握江苏省产学研工作的实际情况，推动江苏省产学研合作进一步发展，本书通过文献研究、问卷调查和实证分析，对江苏省医药产业产学研合作特点和模式进行了深入的研究分析。

第一节　江苏省医药产业产学研合作特点分析

作为中国经济大省和医药强省，近年来江苏省不断引导和支持全国高校及科研机构与企业开展自主创新全面合作，产学研合作规模由小到大、合作方式由散到聚，合作层次由少到多，推动江苏省初步建立起一个以企业为主体、市场为导向、产业化为目标、产学研有效合作的区域创新体系。

一、政府推进产学研合作的力度增大

国家为促进产学研合作的深入，实现科技成果的转化和产业化，制定了相应的政策法规，江苏省也根据自身情况制定并落实了相关政策措施，有效促进了江苏省产学研合作的发展。

（一）产学研政策体系日趋完善

通过对国家和江苏省及江苏省内各地市政府，科技部门、教育部门、工业和信息化部门等相关网站检索整理产学研相关政策文件，如表1-1，可以发现，江苏省产学研合作政策体系逐步完善，体现在以下几个方面。

一是政策制定主体丰富。有国家最高权力机构制定的法律，有地方权力机构制定的地方法规，有我国政府和其他国家政府或国际组织之间签订的国际法，有国务院制定的行政规章、国务院所属各部委制定的部门规章和地方政府制定的地方行政规章，还有产学研合作促进主体内部的规章制度等。

二是政策内容全面具体。通过对各个产学研文件的梳理，可以将政府推动产学研合作的举措分为供给型、环境型和需求型政策三大类。供给型的政策指政府直接提供资金补贴、研发经费等措施加大资金、人才、服务、基础设施等要素的直接供给，去推动产学研合作的发展。环境型政策指政府通过金融支持、税收优惠、法规管制、策略性措施等政策影响产学研合作发展的环境因素，为其发展提供有利的政策环境，改善市场条件，消除市场壁垒，去间接促进产学研合作的发展。需求型政策指政府采取政府采购、技术外包等措施创造市场需求，降低市场不确定性，去拉动产学研合作。

此外，从产学研合作运行周期的角度去梳理，可以发现每个阶段都有相应的举措。本书将产学研合作运行周期分为三个时期，包括准备期、运行期、终止期。准备期包括外部需求、机会识别、合作主体选择、合作资源识别和合作环境建设。运行期包括知识共享、知识转移、知识学习与内化、知识成果产出。终止期包括合同目标的完成、利润分配的评估、经营的终止。

表1-1　近年来国家、江苏省和市（县）关于促进产学研合作的文件分析

层面	文件名	政策文号	发布单位	具体内容分析	所属类型	所属阶段
国家层面	《国家中长期科学和技术发展规划纲要（2006—2020年）》若干配套政策	国发〔2006〕6号	国务院	研究制定促进产学研结合的税收政策	环境型——税收优惠	准备期
				政策性金融机构对科技创新性项目提供贷款，给予重点支持	供给型——资金投入	终止期
				国内企业或科研机构生产或开发的试制品和首次投向市场的产品，且符合国民经济发展要求和先进技术发展方向，具有较大市场潜力并需要重点扶持的，经认定，政府进行首购，由采购人直接购买或政府出资购买	需求型——政府采购	终止期
				国家科技计划支持重要技术标准的研究，引导产学研联合研制技术标准	环境型——法规管制	准备期
	《关于实行以增加知识价值为导向分配政策的若干意见》	—	中共中央办公厅国务院办公厅	进一步发挥科研项目资金的激励引导作用。（一）发挥财政科研项目资金在知识价值分配中的激励作用。（二）完善科研机构、高校横向委托项目经费管理制度。（三）完善哲学社会科学研究领域项目经费管理制度	供给型——资金投入	准备期
				加强科技成果产权对科研人员的长期激励。（一）强化科研机构、高校履行科技成果转化长期激励的法人责任。（二）完善科研机构、高校领导人员科技成果转化股权奖励管理制度。（三）完善国有企业对科研人员的中长期激励机制	供给型——人才培养	终止期

续表

层面	文件名	政策文号	发布单位	具体内容分析	所属类型	所属阶段
国家层面	《关于完善制造业创新体系，推进制造创新中心建设的指导意见》	工信部科〔2016〕273号	工信部	建立产学研协同创新机制。整合各类创新资源，依托现有或新组建的产业技术创新联盟，发挥行业骨干企业主导作用、中小企业协同配套作用、高校科研院所技术支撑基础作用、行业中介组织的保障服务作用，形成联合开发、优势互补、成果共享、风险共担的产学研协同创新机制	环境型——法规管制	运行期
江苏省	《关于深化科技体制机制改革推动高质量发展若干政策》	苏政发〔2018〕18号	中共江苏省委江苏省人民政府	推进重大科研设施建设。对通过国家认定或评估的国家重大科技基础设施、省部共建国家重点实验室，建设运行期内省财政给予专项支持。统筹建设重点创新平台，鼓励建设符合江苏省科技创新布局的重点实验室、行业技术创新平台、技术创新联盟等，促进基础研究、应用研究与产业化对接融通	供给型——科研基础设施	准备期、运行期
				创新政府采购机制。对首购首用重大创新产品与服务，可按实际需要组织采购，采购结束后报同级财政部门备案	需求型——政府采购	终止期
	《江苏省促进科技成果转化条例》		江苏省人民代表大会常务委员会	鼓励和扶持在科技成果转化过程中的技术开发、技术转让、技术咨询、技术诊断、技术培训和技术推广等社会化中介活动，支持科技信息网络、科技信息库以及科技创业中心的建设，形成健全的科技服务体系	供给型——信息服务平台	准备期、运行期
				建立省科技型中小企业技术创新基金，以贷款贴息、无偿资助、资本金注入等方式支持科技型中小企业发展	环境型——金融支持	准备期、运行期

续表

层面	文件名	政策文号	发布单位	具体内容分析	所属类型	所属阶段
江苏省	《江苏省促进科技成果转化条例》		江苏省人民代表大会常务委员会	鼓励企业、高校、科研单位、技术推广机构、科技团体等社会组织和个人开展产学研合作，通过多种形式，联合实施科技成果转化	供给型——人才交流	准备期、运行期
				县级以上地方各级人民政府财政预算中用于科技成果转化的引导资金、贷款贴息、补助资金和风险投资以及其他资金应当足额安排并稳定增长	环境型——资金投入	准备期、运行期
市区	《常州市关于加强产学研合作的若干意见》	常发〔2010〕26号	常州市委、市政府	建立健全服务体系。搭建信息平台，建立产学研合作网站，建好专家库、成果库等数据平台，实现信息资源的共享；搭建交流平台，推动开展各种形式的产学研合作对接活动，实现供需双方的合作互动；搭建交易平台，加快技术交易市场建设，完善成果评估、价值认定、产权转让等服务功能，促进知识流动和技术转移；搭建融资平台，积极鼓励各类风险投资、信用担保以及商业银行创新金融服务，加大对产学研合作项目的支持力度；搭建中介平台，扶持生产力促进中心、产学研合作服务中心等中介服务机构建设，积极发挥各类行业协会、产业技术协会的桥梁纽带作用，为拓展产学研合作提供及时、便捷、高效服务	供给型——服务体系建设	准备期
	《苏州市技术先进型服务企业认定管理办法（试行）》	苏府办〔2014〕217号	苏州市政府办公室	技术先进型服务企业认定必须同时符合以下条件：……	环境型——规定管制	准备期
				经认定的技术先进型服务企业，持相关认定文件向当地主管税务机关办理享受企业所得税优惠政策事宜	环境型——税收优惠	准备期、终止期

（二）产学研服务体系日益健全

近年来，江苏省为了实现信息资源的共享，不断搭建信息平台，比如建立产学研合作网站，建立专家库、成果库、人才库、需求库等数据平台；为了保证供需双方的合作互动，不断搭建交流平台，比如开展各产学研合作对接活动；为了促进知识流动和技术转移，不断搭建交易平台，比如不断完善江苏省产权交易的成果评估、产权转让等服务功能；为了缓解产学研合作的资金压力，不断搭建融资平台，积极鼓励各类风险投资、信用担保和商业银行创新金融服务；为了给产学研合作提供更加及时、便捷、高效的服务，不断搭建中介平台，包括扶持生产力促进中心、产学研合作服务中心等中介服务机构建设。

各平台功能各有侧重，初步形成了江苏省产学研合作的网络平台体系，建立了健全的产学研合作服务体系。此外，江苏省每两年举办“产学研合作成果展示洽谈会”，该洽谈会主要面向国内产学研合作，而“国际产学研暨跨国技术转移大会”则主要面向国际产学研合作；南京“软博会”、无锡“工业设计博览会”、常州“制造技术展洽会”、苏州“电博会”、连云港“中科院高技术对接会”、徐州和盐城“成果交易会”、扬州“成果展洽会”、镇江“军民两用成果对接会”、淮安和泰州“科技洽谈会”、南通和宿迁“走进高校院所”等地方产学研活动各具特色。

二、产学研合作资金规模不断扩大

（一）产学研合作经费投入稳步增长

随着创新驱动发展战略深入实施，江苏省产学研合作发展迅速，政府、企事业单位对高校的资金支持力度不断加大。从经费上看，2016年度全省高校共收到科技经费160.07亿元，比上年增加15.08亿元，增长10.4%。2016年度全省高校共收到企事业单位委托科技经费50.2亿元，占科技经费总数的31.36%。从数量上看，2016年度全省高校新增由政府委托的科技项目27 500个，比上年增加3 900个，增长16.75%。2016年度全省高校新增由企事业单位委托的科技项目15 700个，比上年增加24 400个，增长18.46%。

（二）产学研技术合同成交额快速增长

近年来江苏省不断深入科技体制改革和经济体制改革，其科技资源进一步向经济建设的主战场倾斜，进一步向“一线”聚集，全省技术市场迅猛发展。在科技成果大转化工程的带动下，通过不断完善服务体系，江苏省本地企业开展产学研合作，吸纳转化科技成果的积极性不断提升。2017年共登记技术合同37 348项，技术合同成交额达到872.92亿元，比上年约增长15%，成交额位居全国第五，较去年上升一位。其中，技术开发合同25 447项、成交额560.85亿元，技术转让合同4 314项、成交额169.26亿元，技术咨询合同1 640项、成交额7.77亿元，技术服务合同5 947项、成交额135.02亿元；分领域看，其中，生物医药领域合同6 240项，成交额122.99亿元。

三、产学研合作创新成果大量涌现

近年来，江苏省产学研合作涌现大量创新成果。举例来说，中国产学研合作促进会设立的中国产学研合作创新与促进奖，2017年授予48项产学研合作项目为“2017年产学研合作创新成果奖一等奖”，授予61项产学研合作项目为“2017 年产学研合作创新成果奖二等奖”，授予64项产学研合作项目为“2017年产学研合作创新成果奖优秀奖”。其中江苏省获得一等奖8项、二等奖11项、优秀奖15项。

江苏省医药企业与高校研究院的合作关系不断加强，合作模式日益多样。如省内设立了南京中医药大学科技园、南京大学-鼓楼高校大学科技园等医药类科技园，整合了高校、企业和政府三方的资源，协同创新。如许多药企与中国药科大学等高校的合作频繁，形成了校企合作的蜜月期，中国药科大学楼凤昌教授与康缘药业合作研发的银杏内酯注射液在国际上首次解决了银杏酸的毒性问题，该注射液主要用于临床防治缺血性脑梗死，生产工艺简单、成本低廉，给康缘药业带来了巨大的经济利益。南京医科大学在江宁区建立医疗器械、生物医药、产品与技术研发产业化中试基地，成功孵化5家生物医药公司和企业。此外，南京医科大学也与泰州医药城、江苏生命科技创新园等亲密合作，构建校地科技产业辐射支撑体系。许多企业认识到产学研合作已成为企业竞争优势的主要来源，他们主动利用省内外知名高校的研发平台和人力资源，集中更多的优势资源进行技术创新，江苏豪森与国家新药筛选中心、中科院上海药物所合作建立了药理毒理研究平台。

第二节　江苏省医药产业产学研合作模式分析

为了保证产学研合作的顺利开展，合作各主体方就必须采用一定的方式结合起来，制定一系列的规章制度，形成主体之间相互合作、相互制约的关系，其中采取的方式就是我们所说的产学研合作模式。在实际的产学研合作中，由于不同的背景、不同的条件、不同的合作目的、不同的外部环境和社会制度，采取了不同的合作模式。正确地选择产学研合作模式有助于合作的顺利展开和既定目标的完成，同时还可以降低合作过程中的风险和合作成本。在江苏省医药产业产学研实际合作中，形成了多种产学研合作模式，使得产学研合作越来越高效、紧密。

一、从合作主体角度划分合作模式

将产学研合作模式按合作中各主体介入程度的高低划为以下几种。

（一）政府参与型模式

政府对于产学研的发展具有特殊的意义，特别是在为产学研的发展营造社会环境、政策、财税支持方面。根据政府的参与程度，可以将政府的参与式合作模式分为以下两种类型。

1.政府引导模式

政府引导模式是指政府通过制定产学研合作政策或制度，去引导企业、高校和科研机构结合自身需求积极参与到产学研合作中。政府引导模式按政府对合作项目性质的重视程度，可以分为资金引导型和非资金引导型。资金引导型模式指政府直接或间接地为产学研合作提供资金支持，包括建立奖励、配套、资助、风险担保和青年扶持等各类项目，或者制定财税减免政策，去减少产学研合作各主体在资金方面的顾虑，提高他们参与创新的热情。非资金引导型模式指政府不直接提供资金支持，而是通过政策引导的方式来促进产学研合作，主要的引导方式有完善市场经济环境，搭建信息沟通的桥梁，提供相关技术支持平台，建立产学研合作管理及服务协调机构。非资金引导模式主要运用在受市场影响较大的产学研合作技术领域。

2.政府主导模式

政府主导模式是指政府以一个主导地位来引导企业、高校和科研院所积极参与产学研合作中。如今，国际科学技术竞争日趋激烈，政府主导模式是很重要的一种模式，主要涉及军事、航空等领域。政府主导模式的产学研合作中，政府对企业、科研院所和高校进行安排，从而开展分工合作。

该模式具有能集中力量、全面统筹优点，但其缺点也很明显，主要有以下几点。

（1）政府有限的资金支持不了所有的产学研合作创新。

（2）在选择对象时，政府的考虑与企业、高校、科研院所等参与者的考虑有很大的不同。虽然，推动的合作创新具有战略意义，但其长期的经济效益往往不明显，短期的经济效益也不显著，持续创新更容易受到政府在特定时期的战略决策的影响。

（3）该模式下的创新缺乏市场经济机制下的利益驱动。

（二）市场自发型模式

市场自发型模式是指在市场经济体制的影响和作用下，企业、科研院所和高校根据各自的发展需要和利益，主动形成的产学研合作模式。高校在该模式下比政府参与模式更成熟、更有效、更活跃。在这种模式中，具有科研能力的高校、科研院所将科研成果和专利转让给企业，企业也委托有关高校、科研院所对企业所需的相关科学研究技术进行研究开发。随着市场经济的发展和市场竞争的加剧，科研创新基地、产业技术联盟等高层次的市场自发模式越来越多。在市场自发模式中，产学研合作各主体开展的相关科学研究和技术研究和开发，都基于市场的实际需要，因此，技术成果产业化更容易。该模式中，政府发挥的作用主要有完善市场机制、制定政策法规和维护产学研合作秩序。

（三）企业主导型模式

企业主导型产学研合作模式指的是企业为满足市场竞争的需要，在提升自我创新研发能力的同时与大学、科研机构开展技术方面的支持、咨询和服务合作，这些合作大部分是以委托开发合作和共建研究机构等方式展开的。在这种模式下，企业处于主导地位，企业不仅要承担相应的研究开发风险，也承担科技成果转化风险。

（四）高校、科研机构主导型模式

高校、科研机构主导型模式是指高校、科学研究机构依靠自身技术和人才的优势，自行决定要研发的项目，从事技术创新，等到科研成果成熟后，自由选择合作目标，将其科研成果以一定的形式进行转让给合作对象。在这一模式中，高校和科研机构处于主导地位，主要承担研发风险，不用承担科技成果转化风险。

（五）共同主导型模式

共同主导型合作模式是产学研合作主体最直接、最密切的合作模式。在这种模式下，产学研合作各方对项目的态度是平等的，没有人是项目的绝对领导者。这种模式下的合作是建立在各方利益纽带和合同契约的基础上的。高校充分发挥科研和人才优势，企业充分发挥资金和生产资料优势，共同开展技术创新、产品研发和市场开发，双方共同承担相应的风险。

二、从合作目的角度划分合作模式

（一）教育型合作模式

教育型合作模式的合作形式一般有高校、科研院所人员到企业担任顾问，高校学生进入合作企业实习，企业人员到高校进修等，主要目的是为了促进各方的知识交流，推动技术创新。

（二）研究开发型合作模式

研究开发型合作模式的合作形式有技术转让、技术咨询和技术服务等，主要目标是提高合作各方的创新能力。各方合作的结合点是科学研究和技术开发，这是促进科技研究开发和成果转化的重要形式，能快速提升企业的科学技术创新能力。

（三）生产经营型合作模式

生产经营型合作模式的合作形式是高校和科研机构参与开发、生产高技术含量、高附加值的新产品，以及企业生产管理，最后会享有成果转化带来的收益，主要目的是提高产品的竞争力，适应市场变化的需要。该模式有利于科技型中小企业的发展。

（四）共享先进实验设备与仪器合作模式

共享先进实验设备与仪器合作模式的合作形式是高校或科研院所将其所拥有的先进实验仪器与设备，提供给企业使用。主要目的是企业能降低在技术创新方面的相关成本，高校和科研机构能够充分实现仪器设备的价值，并为之后的科学研究获取资源。

（五）获取信息合作模式

获取信息合作模式的主要结合点是双方信息的交换。高校或科研院所提供给企业行业或领域内的技术发展现状与趋势，这样有利于企业制定具有前瞻性的技术创新战略；企业提供给高校或科研院所市场需求信息，这样有利于高校科学研究更加具有市场针对性，符合市场实际需求，有利于科研成果转化为产品。

三、从合作方式角度划分合作模式

当前，我国学者在研究产学研合作的相关问题时，大多会从合作方式角度对产学研合作模式进行探讨，因此，本书也将从该角度对江苏省医药产业产学研合作模式进行研究，从产学研合作方式角度划分的产学研合作模式有以下7种。

（一）技术转让模式

1.概念介绍

技术转让模式是指高校及科研院所做前期研究，获得新技术、新产品、新工艺等的专利权、专利申请权、专利实施许可权、技术秘密等科技成果，与企业签订技术转让合同，将其成果有偿转让给企业，并帮助企业进行中试，将技术投入生产，形成生产能力，最后由企业负责批量生产及市场开发。

2.主要优势

（1）研发风险降低。企业通过支付相关费用直接将技术从大学及科研院所转移，降低其前期开发风险；通过对相应技术的筛选，以是否符合企业战略、是否切合市场需要、是否满足企业相应的短期或长期需要等为条件，遴选出企业的真正需求，降低中期生产、后期市场开发以及市场投入的风险。

高校和科研院所通过技术转让，将科技成果后期相应的技术改进或配套技术开发的风险与企业共同承担，以降低后期开发的风险。

（2）成果有效转化。大学和科研院所由于本身的经济条件所限，经常无法将科研成果转化为相应经济效益，直接导致后期开发资金短缺，甚至致使其后期研究动力不足。通过技术转化这一途径，科研院所不仅可以获得资金以进行后期开发，同时，也将可以及时将成果转化，及早发挥技术的社会效用。

目前，通过这种方式，江苏省各高校的部分科研成果也得到了比较好的转化，产生了比较好的效益。如南京大学主导的“纳米黑金光热水处理技术”，南京大学与江苏射阳经济开发区签约，将建成日产500吨纯净水的海水淡化生产线。这一技术的对接将推动江苏、射阳当地的产业升级，为提效海水淡化、促进水污染治理等方面带来“科技新思路”。如中国药科大学将“ASD化合物抗AD中药一类新药”的专利转让给连云港康缘药业，转让费为1.1亿元。该项研究负责人介绍，ASD为五环三萜类天然产物，AD即老年性脑痴呆，研究证明ASD对AD具有预防和治疗双重作用。

3.发展存在的问题

（1）效率低下。在前期研究阶段，风险全部由大学及科研院所承担，研究动力不足、创新能力低下、开发进程缓慢、成功率低。即使研发出相应的科研成果，转让成功率也较低，主要是因为如果是不成熟的技术成果，企业不愿意受让，但若是更加成熟和有市场前景的技术成果，高校、科研机构会优先选择自行实施转化或成立关联公司进行转化，难以充分发挥各自的优势，即企业的资本优势和科研院所的技术优势。

（2）承接困难。当前，许多企业自身内部技术能力不足，承接能力较差，这在一定程度上不利于科技成果的及时转化。企业限于技术的局限性，难以对科技成果或是承接技术进行改良或改进，对环境的应变能力不足。

（二）委托研究模式

1.概念介绍

委托研究模式是指以企业为主体，委托高校或科研机构对企业所需的新工艺、新技术和新产品进行研究开发。企业负责提出需求，向高校或科研机构提供资金；高校或研究机构负责项目研发，实时跟踪转化成果情况并及时改进。一般来说，有充裕研发资金并且有明确技术需求的企业会选择该模式，科研成果能切合市场，有利于企业将其转化为生产力和产品。

2.主要优势

（1）职责明确。产学研合作以企业为主导，企业可以根据企业自身需要或者市场需要进行项目委托，借此制定合作目标，而大学和研究机构制订相应的研究计划。研究机构负责实施，企业负责监督，并按照研究计划进行考核，对于考核不满意之处可及时采取措施更正，使委托研究顺利进行。在委托研究模式中，各主体职责明确，分工详细，大大提高了合作创新效率。

（2）切合市场。大学和研究所作为科研单位，对市场的把控能力不如直接接触市场的企业，具有一定的盲目性，虽然其具有强大的科研实力，但是科研成果往往并不能直接用于实践，甚至无法实践。而与此相反，企业具有强大的市场洞察力，所委托的项目也往往需要直接作用于市场，委托研究模式更能充分发挥企业对市场的把控作用。委托研究模式使研究机构的研究切合市场，研究机构也借此了解市场，把握市场，为未来的研究提供方向。

3.发展存在的问题

（1）成果单一。企业提出目标，合作以企业为主导，科研院所科研动力不足、科研成果单一、副产品贫乏。从短期效益看，科研院所因此获取利益；但从长期发展看，委托研究致使科研院所科研成果单调，阻碍其长期发展。

（2）效率低下。企业虽为主导，但是没有对科研院所的激励机制，无法控制科研院所的研究效率，也会因科研院所研发动力不足，致使效率低下，研究成果只能差强人意。而且委托研究模式不具有灵活性，如果市场风向改变，企业会产生资金压力变大、财务风险增加等问题，甚至错失市场。

（三）联合攻关模式

1.概念介绍

联合攻关模式是指产学研各方派出的研究人员组成的临时研发团队进行研发，可能是市场的自发行为，也可能是政府牵头的合作攻关行为。它能够充分调动企业、高校和科研各方的力量，解决特定项目的关键难题，使企业能够有效利用科研机构的相关资源，使学术机构的研究有更加明确的方向。研究机构可以提供实验场地、基础设施、实验设备、人才资源，企业则可以提供资金、锻炼平台、实际操作的设备场地等。双方互惠互利，得到协调创新的发展，且产生了较大的经济利益。

2.主要优势

（1）组织灵活。由产学研各方面提供人员、资金、设备，可因开发团队内部需求对合作周期进行调整，也可因市场对团队目标进行改变。人员结合较为松散，组织灵活，可随时扩大或缩小组织规模。该模式的合作形式多样，一般来说，技术人员由双方承担，而资金既可以由企业独自承担，也可以和科研院所共同承担。如果企业独自承担资金负担，则会在合作末期的成果转化阶段获取更多利益。

（2）动力充足。企业和大学及研究院所的合作从研究开发团队建立开始至研发团队解散结束。其合作关系贯穿整个合作过程，各方的信息交换更加频繁密切，团队内部学术氛围浓厚，科研人员研发动力充足。企业技术人员为科研团队带来独特的企业文化，使研究成果更具有现实意义；研究院所的技术人员为科研团队注入活力，使科研成果更具有创造性。企业的规章制度使科研团队更规范，大学及科研院所可使科研人员的思维更发散，更能发挥各自精神层面的优势，各取所需。

（3）风险分散。各方合作贯穿始终，风险共同承担。在前期开发阶段，将一部分原来大学及研究院所独自承担的研发风险部分转移至企业；在成果转化阶段，将一部分原来企业所独自承担的开发风险部分转移至大学及研究所。因为合作程度更加紧密，信息更加透明，降低了相应的财务风险。

3.发展存在的问题

产学研合作各方的运营模式、利益诉求、管理模式等均存在较大的差异性，这种情况下，采用集中管理的方式容易影响部分成员的利益，从而影响到联盟成员之间的关系，产学研联盟团队不能可持续发展。

（四）人才联合培养与人才交流模式

1.概念介绍

人才联合培养与人才交流模式是指高校、科研院所和企业通过高校、科研院所人员到企业担任顾问、高校学生进入合作企业实习、企业人员到高校进修、设置人才培养专项基金等方式合作，促进各方的知识交流和创新。一般有两种形式：一是高校开设工程硕士等课程，企业各类人才进入校园进修，从而提高企业人才的知识和能力。二是学校人员参与到产学研合作项目中去，学生毕业后进入企业，增加企业人力资源方面的优势人才。

2.主要优势

人才联合培养与人才交流模式能扩大高校、科研机构高级人才的作用范围，增强企业人员对基础理论和前沿技术的理解与认知，增进高校对实际市场需求信息的了解。

当前江苏省内多所高校在全日制专业学位硕士的培养计划中，积极探索产学研合作教育模式，实施校企联合培养计划，培养出了既具有过硬的专业基础理论知识，又具有较强的实践应用能力的高层次应用型人才。

例如：从2002年开始，中国药科大学以国家生命科学与技术人才培养基地为依托，探索出一套“校企联合，本硕连读”的新型人才培养模式，该模式分为三个阶段。

大一到大三，学生主要完成药学绝大部分课程的学习，参加企业认知见习和创业实践训练；大四（研一）阶段，企业选拔校企联合培养对象，以及研究方向，完成二至三门的本科必修课以及全部的研究生课程学习；研二、研三阶段，校企联合培养的学生进入到企业，参与企业的研发课题项目，并将其作为学位论文选题，在“双导师”的指导下完成毕业论文，最终通过硕士答辩。

这种校企联合培养模式得到了社会的一致认可，先声集团、圣和药业、恒瑞集团、正大天晴等知名药企纷纷与中国药科大学签订了长期协议，联合培养企业所需人才。合作办学企业中，学校会选择具有较强研发能力和教学能力的企业与学校联合培养硕士研究生。校企联合培养采取“订单式”的模式，即企业需要什么样的人才，就联合培养什么样的人才，完全按照企业发展所需确定学生培养人数和研究方向。目前，中国药科大学与企业联合培养的硕士研究生中包括以下几种类型：从事医药产品开发的研发人才、从事生产工艺改进的工程技术人才、从事医药市场营销和企业管理的管理人才。

除了近年来才发展起来的全日制专业学位硕士教育外，江苏省各高校的工程硕士教育也吸纳了不少企业的骨干员工进行继续教育，为企业的高端人才提供了学习的平台。例如，南京大学、南京理工大学、东南大学等高校的工商管理硕士MBA（Master of Business Administration，简称MBA）、公共管理硕士MPA（Master of Public Adminis tration，简称MPA）项目，是专门为处于事业发展期的高级管理人员设计的硕士学位教育，该项目利用大学的管理类学科教学资源，设置管理学科课程，为培养企业高层次实务型综合人才提供了良好的平台，同时也为创业者和企业管理人员提供了进一步开拓职业生涯的契机。企业通过定向委托培养，获得了许多基础知识、专业知识扎实，管理理念先进的储备人才。

3.发展存在的问题

（1）知识产权争议。校企联合培养与企业知识产权之间存在的矛盾会阻碍该模式发展。因为，研究生要完成和发表高质量的学位论文，必然涉及企业的技术核心。在与国内多家知名大型企业洽谈合作的过程中，中国药科大学发现，所有企业都提出了知识产权保护问题和解决方案。有些企业在权衡两者风险和得失之后，会做出不愿承担联合培养研究生工作的决定。

（2）企业积极性不高。比起自身培养，许多企业认为招聘人才更为划算。目前来说，培养人才还是高校的主要任务，在企业完成人才培养任务，会消耗企业大量人力、物力、财力，这可能会影响企业培养的人才的质量。此外，精心培养的人才毕业之后可能与别家企业签约，严重打击了企业自身培养人才的积极性。

（3）合作层次低。人才联合培养与人才交流模式大多时候是临时的、公益性的、非正式的合作，因此，可能不会带来各方的深入合作。

（五）共建科研基地模式

1.概念介绍

共建科研基地模式是指大学、企业和科研机构分别利用自身的资源优势投入一定比例的人力、资金、设备或技术进行合作研发，联合建立研发机构、实验室或技术中心等科研基地的合作模式。

2.主要优势

（1）合作稳定高效。共建科研基地模式既可充分发挥高校和科研机构科研水平高超、实验技术先进的优势，又可充分利用企业先进的工程技术开发能力，克服联合攻关、技术转让等合作方式经常出现的短期合作通弊，有利于推动企业科研队伍的建设，提高合作各方的科研实力和创新能力。

（2）信息交流通畅。企业与合作研究单位通过及时沟通实时交流，高校研究能够充分了解企业需求，在切合企业实际的要求下，能及时地有效解决企业创新过程中出现的科研难题。

3.发展存在的问题

（1）合作难度高。共建科研基地模式对合作各方的要求很高，即合作各方既要有强烈的合作意愿，同时还要有趋于一致的合作动机，更要在合作组织的设立与合作制度的建立等更为详尽的合作细节方面达成共识。

（2）资金投入大。科研基地的建立与经营必然离不开强大的资本支持，因此，合作一方或多方必须具有相当的资金实力，这种合作模式适用于实力强劲的大型企业与科研院所、高校的合作，而资金处于相对紧缺状态的创新中小型企业则很难参与到共建科研基地的合作项目之中去。

（六）产业技术创新战略联盟模式

1.概念介绍

产业技术创新战略联盟是指由大学、企业、研究所或其他组织机构，以企业的发展诉求和合作各方的共同利益为基础，以提高产业技术创新能力为目标，通过签订具有法律效力的契约，形成的具有优势互补、风险互担、利益互享等特点，以联合开发为合作方式的技术创新合作组织。一般来说，为了充分发挥资源配置的优势，大学及科研机构负责提供技术支持，企业负责提供资金及设备支持。

2.主要优势

（1）技术突破。大学、企业和科研机构等合作主体围绕产业技术创新升级的需求，开展技术合作，攻克产业发展过程中出现的核心技术难题，建立重要的产业技术标准。

（2）知识共享。建立公共技术服务平台，实现创新资源的有效分配、分工合作的合理衔接，实行共享知识产权的战略；通过技术转移加速科技成果的商业化，提高产业整体核心竞争力。

（3）人才培养。通过联合人才培养、加强人才交流互动的方式，进行优秀人才队伍的建设、储备，为产业持续输送创新人才提供支持。

3.发展存在的问题

（1）资金短缺。与欧美不同，我国的产业技术联盟大多由企业自筹科研经费，企业承担整个联盟的资金风险，企业资金压力巨大，参与的积极性降低。没有相对应的补贴或扶持政策，一旦合作受挫，产生诚信问题的风险会增加。

（2）创新低下。科研院所缺少技术创新能力，依赖国外技术，自主研发能力发展缓慢甚至停滞，和国外企业与科研院所的合作处于被动地位。企业和科研院所技术水平差异大，技术人员能力参差不齐，成果转化率低导致合作风险高，合作效率低下导致产业技术联盟核心竞争力不足。

（3）稳定性差。由于管理理念的差异、合作目标的差别，再加上资金短缺、利益分配不均等问题的出现，创新战略联盟的合作主体之间容易产生信任危机。尽管有协议的存在，大学、企业和科研机构对战略创新联盟的忠诚度还是会逐渐缺失，这也导致了成员的流动性强。

（七）大学科技园模式分析

1.概念介绍

大学科技园是指以研究型大学或大学群为依托，通过对高校的人才、实验设备和图书资料技术、信息和技术等综合智力资源优势与其他社会资源优势相整合，为企业提供技术创新和成果转化服务的机构，成为高新技术的实践基地、高新技术企业的孵化基地、创新创业人才的汇集和培育基地、产学研合作的示范基地。

产学研合作主体的一方负责牵头，其他方共同配合，积极吸引社会上的高新技术企业参与产业园区建设，而政府则负责提供政策扶持。利用大学的人才储备、信息交流、技术高超等优势，通过多元化的投资，在大学或大学群附近建立起从事企业孵化活动和高新技术科研创新的高新科技园区。大学先进的技术、精深的知识和优秀的人才向社会辐射，推动产业技术创新和产业结构升级，充分发挥大学在经济发展中的促进作用。丰富的科研项目产生丰富的技术成果，学生的参与不仅能提高自身能力，还能为社会创造财富和价值。

2.主要优势

（1）整合资源。有的大学科技园依托大学，利用其雄厚的学科特色；有的依托资本，借助传统的行业背景；还有的依托地理，拥有强大的产业区位优势。不同特色的园区通过对各种人才、技术和信息资源优势的整合，搭建公共技术服务平台，完善技术转移和成果转化方式，加快经济发展方式转变，促进产业升级，推动行业和区域经济快速发展，取得良好的经济收益和社会影响。

（2）培养人才。大学科技园根据其自身发展的特点和优势，通过制定完善高效的激励措施，创造良好的创新创业环境，搭建创新创业实践平台，拓展延伸高校培养人才的功能，推动高校深化改革，培养高素质的创新创业人才。

（3）孵化企业。大学科技园凭借大学具备的雄厚人才、技术和信息资源优势以及自身所拥有的良好科研环境，已成为连接大学与社会的重要桥梁，吸引了大量创新型企业和人才到园区进行创新创业活动。同时，政府也配套出台了大量针对大学科技园的优惠政策，推动大学科技园充分高效地发挥其孵化高新技术企业的功能。

3.发展存在的问题

（1）运营层面。大学科技园缺少稳定的收入来源，难以维持科技园健康稳定发展。一方面是因为大学科技园本身并不是一个具有完备产权管理制度和完善经营理念的高新技术企业孵化器，其更多的作用是对高校、企业产学研合作成果的展示。很多大学科技园会免费为入园企业提供场地和服务，所进行的活动都是非营利性的，导致大学科技园融资能力和盈利能力不足，缺乏自我造血能力。二是财政部和科技部制定的针对大学科技园的相关税收优惠政策难以全面落地实施，导致大学科技园难以充分享受到国家税收优惠政策的福利。同时，地方政府对高校的资金支持有限，大学科技园的长期正常运营难以维持。

（2）制度层面。一方面，大学本身对大学科技园的发展重视程度不足，没有建立起科学有效的管理机制和完备的运营系统。大部分大学科技园在运营管理上并没有严格按照市场经济体制的发展规律建立起完备的现代化企业管理体制，还保留有浓厚的行政管理色彩，对大学科技创业园的良好发展产生恶劣影响。另一方面，现代产权意识与经营管理理念的缺失导致大学科技创业园游离于政府、高校、创业者之间，科技园在发展目标不明晰、发展的效率与效能不足的同时还缺乏明确的自身定位。

（3）发展层面。大学科技园发展的内涵动力不足。传统的服务功能创新内涵不足，而真正能贴合大学自身特点、充分发挥自身科技、满足地方发展需求的创新驱动型的大学科技创业园区的数量有限。省内仅有少数大学科技创业园能够依托大学自身资源优势，在政策的激励和多年的探索下创造出一条适合地方大学科技创业园良性发展的道路，事实上，绝大多数大学科技创业园缺乏差异化和创新化。而一些对于以基础性研究为主导的高校，其很难走上科技园区成果转化和高新企业孵化的道路。

第三节　江苏省产学研案例分析

一、中国药科大学产学研合作

（一）合作方式

2016年10月22日，恒瑞医药与中国药科大学在江宁校区共同建立了协同创新联合实验室。在全国，这是把“企业实验室”开进高校的首例。中国药科大学提供场地、研发所需的配套条件，企业自主管理，师生可以进入实验室工作，共享校企各自规定的优惠政策，所取得的成果双方按贡献大小分配。在“企业驻校”的模式下，中国药科大学的楼凤昌教授与康缘药业合作研发的银杏内酯注射液在国际上首次解决了银杏酸的毒性问题，这种用于临床防治缺血性脑梗死的药物，生产工艺简单、成本低廉、得率高。它的生产上市为我国近3亿心脑血管疾病患者带来希望。近年来，中国药科大学还为全国500余家企业的1 650余项新药和新制剂提供了关键支撑服务，成果主要转化给省内企业，产生直接经济效益1 300多亿元。

（二）合作优势

企业对新药产品市场的需求很敏感，中国药科大学则有新药创制的厚实基础，有多学科联合攻关的优势。将双方优势紧密联合可以有效促进科技成果的转化。一方面，企业利用高校的人才优势和资源优势，还能共享学校的其他科技资源，极大地提高了企业的研发水平。另一方面，中国药科大学可以引导和激励科研人员，第一时间帮助企业解决新药研发和生产过程中遇到的关键技术瓶颈。

二、泰州医药城

（一）简介

泰州中国医药城于2009年挂牌成立，由科研开发区、生产制造区、会展交易区、康健医疗区、教育教学区、综合配套区等功能区组成，是中国首家国家级医药高新区，由科技部、国家卫生计生委、国家食品药品监督管理总局、国家中医药管理局与江苏省人民政府共同建设。区内已集聚得克萨斯医学中心、中国药科大学等一批国内外知名大学和医药研发机构；武田制药、勃林格殷格翰、中外制药、阿斯利康等一批重大项目先后落户；一批“国际一流、国内领先”的医药创新成果成功落地申报；符合国际标准规范的新药创制、动物实验、新药检测、新药中试、临床试验、数据管理分析、小分子、大分子、药品合同外包代加工（Contract Manafacture Organization，简称CMO）等专业平台建成运行。泰州医药产业的经济总量连续四年居江苏省第一，经济效益连续八年名列榜首。

（二）合作方式

中国医药城与北京大学药学院签订产学研协议，共建创新创业产业园。创新创业产业园将主要依托北京大学药学院的教学优势，开展研究生教育教学项目，举办各类高级研修班，为医药城的发展提供智力支撑。同时，医药城将根据自身优势，与北京大学药学院共建公共服务平台，为园区企业提供基础性公共服务，承接北京大学药学院的成果转化。此外，双方还将共同组建科研生产联合体，对国家和地方重点工程项目、重大科技项目和高技术产品进行联合投标、联合公关、联合开发，推动双方在医药研发和生产上的合作，加速国内生命科学尖端成果在医药城的产业化发展。

三、中国海洋蛋白质产业创新联盟

（一）简介

中国海洋蛋白质产业创新联盟于2015年12月12日经中国产学研合作促

进会批准获得授牌。2016年4月16日正式成立。

（二）合作方式

联盟建立国际项目引进和转化平台，与国际著名医药投资公司展开合作，积极挖掘和扶持国际上具有自主创新能力、优秀管理团队、清晰商业模式的生物医药企业和巨大市场机遇的项目。主要发起方之一的江阴贝瑞森生化技术有限公司依托中国海洋蛋白质产业创新联盟，以国际并购基金为平台引进了江阴高新区、国家发改委以及科技部三方的引导基金，正式成立了贝瑞森创新医疗器械示范应用基地，在江阴高新区全力打造以治疗创面为主的医疗器械产品临床示范应用基地和培训中心。

（三）合作优势

中国海洋蛋白质联盟发挥国际化技术优势，将前沿海洋蛋白质从实验室成果转化到工业生产，创新发展新的海洋蛋白质、新的功能、新的临床适用范围；与国内外著名科研院所、著名临床医院以及相关机构和企业进行产学研合作，注重基础研究、临床实践和产品理论体系的建立，从病症的机理出发，切断发病根源，澄清产品的作用机理；针对世卫组织所提出的严重危害人民健康的重大疾患，开展更为深入、更为广泛的应用研究，开发具有我国自主知识产权的生物医学材料，开创海洋蛋白质及各类衍生品极为广阔的应用市场。

第四节　江苏省医药产业产学研合作存在的主要问题

近年来江苏省医药产业产学研合作的范围越来越广泛，形式越来越多，协同创新取得了巨大成效，给社会带来了巨大的经济效益，但我们也清楚地认识到，当前产学研合作还停留在产业技术的表层，产学研长期关系还未建立，科技与经济脱节的现象仍然存在，科教资源也未能得到充分释放。当前江苏省医药行业产学研合作存在的主要问题表现为以下几点。

一、产学研合作创新层次低

虽然目前江苏省医药产学研合作模式多样化，但是合作创新层次较低，主要表现为以下几个方面。

（1）产学研合作多停留在单一形式上，如成果转让、委托开发、合作开发等，而缺乏全面、高层次的长期合作，如共建研究开发机构、建立产学研战略联盟等。

（2）企业大多简单地引进技术，忽视对企业技术开发人员的培养以及高素质人才的引进。

（3）合作项目中有许多以临时组合争取项目为目的合作方式，其合作创新行为较松散和短期化，合作效果大多达不到预期，科研成果转化率较低。

（4）江苏省已经建立了一批医药产业园区，但存在盲目重复、园区之间缺乏区分度的现象。目前，园区的发展还不能充分发挥其集群效应和规模优势。

（5）目前大量的产学研合作都发生在大型药企之中，许多中小型药企在产学研合作方面还处于空白阶段。

二、产学研合作融资渠道不畅

近年来，江苏省医药行业产学研资金规模不断扩大，产学研合作成果不断涌现，但还存在融资渠道不畅，资金缺乏等重要问题。主要表现为以下几点。

（1）政府在科技上的投入仍然不足，资金投入结构不合理，在成果转化方面的资金投入较少。

（2）省内风险投资行业不发达，银行等金融机构对产学研合作及其技术成果转化的支持不足。

（3）高校和科研机构的科研经费不足，缺乏中试基地。中试阶段需要大量的资金，是产学研合作的主要环节，但企业一般不会对中试阶段进行投资，主要是因为中试阶段技术不成熟，产品市场前景不明朗，企业会承担很大的投资风险。大型药企产学研合作资金投入不足，许多中小药企自有资金并不充裕，能够用于研发和产学研协同创新的资金就更少了。

三、产学研合作中介机构建设滞后

截至2018年，全省科技服务业机构总数共5.5万家，从业人员数量达120万人。2017年全省科技服务业总收入达7 481亿元，比上年增长14.6%，科技服务涵盖研究与试验发展服务、科技中介服务、技术推广服务等四大类十多个服务行业。由于历史原因、宏观环境以及江苏产业偏好等因素，江苏科技中介机构市场化发育程度低、整体水平不高、手段落后、功能单一，无论在功能上还是能力上都还不能适应产学研紧密结合和科技成果转化的迫切需要。主要表现为以下几点。

（1）数量多，规模较小。虽然目前江苏省有5万多家科技服务业机构，但这些科技服务机构平均从业人数只有50人左右，而政府设立的服务机构从业人员更少，平均人数仅29人。

（2）科技服务机构的服务能力较差。一方面，全省只有30%左右的民办中介机构通过了国家相关资质认定或ISO质量管理体系认证，90%以上的科技服务机构没有注册服务商标。单纯的“牵线”的中介方式仍占主导地位，能够同时提供技术创新和管理创新服务的中介机构很少。另一方面，政府支持下的各类公共服务机构，如科技企业孵化器、生产力促进中心、创新创业服务中心等，缺乏商业化运作、管理的能力和经验，难以提供科技成果登记、管理、许可权转让管理咨询、风险投资和管理咨询和创新成果产业化等方面的服务。

（3）科技服务机构缺乏高端服务人才。江苏科技服务机构员工中，只有10%具有硕士及以上学历，缺乏专业培训和社会工作经验。江苏科技中介机构员工中，大都是科技人员出身，但是知识结构单一、缺乏专业培训、没有市场开发和管理的经验。高校技术转移中心这类关键性的科技服务机构缺乏高层次、高技能、通晓国际规则和熟悉现代管理的专业化服务业人才。

本章小结

本章就深化江苏产学研合作为主题开展系统研究，收集研究了大量国内外有关文献和江苏省相关科技统计资料，先后调研走访了省内重点高校、高新技术药企、科技管理教授、高新技术产业开发区和科技中介服务机构等。研究发现，近年来，江苏省政府对产学研合作日益重视，专项资金投入日益增大，促进了江苏省产学研合作政策体系不断完善，营建了良好的产学研合作环境；企业创新意识不断增强，高校科研成果应用价值不断增加，双方参与产学研合作的意识不断提高，积极探索了多样的产学研合作模式，扩大了产学研合作的规模，获得了大量的产学研合作成果，大力促进了江苏省经济发展。但进一步调研发现，江苏省产学研合作存在产学研合作创新层次低、效率低下、资金缺乏、中介机构建设滞后等问题，存在巨大的进步空间，本书后文拟通过对于这些问题产生的原因以及产学研合作主体的需求进一步的研究，厘清江苏省产学研合作障碍及各主体诉求，并在此基础上提出促进产学研合作发展的若干政策建议。

第二章　产学研合作创新效率实证研究

通过前文分析，我们对于江苏省医药产业产学研合作现状有了一个基本的了解，但是产学研合作发展的盛况之下同样隐藏着许多问题，与满足经济发展和技术进步的目标相比，差距仍然很大。接下来这一章我们将会通过收集江苏省医药产业产学研合作宏观数据，借助两阶段链式网络DEA（Data Envelopment Analysis，简称DEA）模型，实证研究江苏省医药产业产学研协同创新现状，发现产学研合作创新效率低下的问题所在。具体的实证分析首先通过第一节链式网络DEA模型的理念将产学研过程分为知识开发阶段和成果转化阶段，通过横向与纵向两方面进行实证分析。采用链式网络DEA模型将产学研创新活动分为两阶段的原因是因为产学研合作是一个复杂的创新系统，产学研系统是由好几个相互关联的子系统构成的链式网络架构，具体而言，它是一系列合作创新过程和实施过程的总和，如果我们不能对产学研的各个子系统进行分析，那么就难以发现问题所在。也就是说，我们在研究产学研合作创新活动时，将创新活动拆分为科技成果创造阶段以及转化阶段，在分析整体创新效率的同时，可以打开创新过程的“黑箱”，分别从科技成果创造阶段以及转化阶段来分析产学研的效率，所以本书采用链式网络DEA模型评价江苏省产学研合作的效率。

第二节横向比较利用2014—2016年的全国各地区产学研投入产出数据，利用传统DEA方法对全国各地区整体的产学研创新效率进行评价，对各地区的产学研发展情况有一个初步的了解。接下来分别从知识开发和成果转化两阶段，对各地区进行评价，揭开产学研创新过程的“黑箱”，分析比较不同地区的产学研知识开发和成果转化的效率，分析产学研创新整体效率值低下地区的问题所在。分析过程中着重将江苏省医药产学研创新效率置于全国范围内比较，得出在全国范围内江苏省整体创新效率的排名，分析效率值低下的问题究竟是出在知识开发阶段还是成果转化阶段。

第三节纵向比较利用2004-—2016年江苏省产学研投入产出数据，继续从知识开发阶段和成果转化阶段对这十余年江苏省医药产学研创新效率进行评价。比较知识开发阶段和成果转化阶段的创新效率平均值以及年度效率分布，通过效率值大小比较再一次分析效率值没有达到最优的问题究竟是出现在知识开发阶段还是成果转化阶段。接下来依据得出的效率值绘制效率趋势折线图，直观反映哪一阶段的创新效率还有较大的提升空间。

经过前三节的实证分析发现江苏省的医药产学研创新效率不高，那么第四节将江苏省与高创新效率的湖南省进行比较，探究江苏省产学研效率低下的深层次原因，并通过探寻湖南省产学研发展的先进做法，为江苏省医药产学研深度融合提供经验借鉴。

第一节　两阶段链式网络DEA模型介绍与指标体系构建

一、两阶段链式网络DEA模型介绍

DEA模型是A.Charnes，W.W.Cooper和E.Rhodes在20世纪70年代所开发的一种评价模型，主要运用于运筹学、管理科学与数理经济学等众多领域，评价它们生产与创新等活动的相对效率。DEA模型是根据多项投入指标和多项产出指标，利用线性规划的方法，对具有可比性的同类型单位进行相对有效性评价的一种数量分析方法。所谓相对有效性，就是选取效率值最高的决策单元作为标杆，即与其他单元相比来说最优的效率。其他决策单元与其进行效率比较，这样可以得出这些单元对比后的效率值。得到的效率值越接近1，说明这一单元的效率相比其他单元更加有效。之所以采取相对有效性评价的方法，是因为对于产学研的创新效率没有绝对有效性评价方法，多少的创新投入产生多少的创新产出是有效的，对于这个问题

无法做出评判，因此本章采取了DEA分析方法，通过评价相对有效性进行创新效率分析。自提出以来，DEA模型已在不同行业领域大放异彩，它独特的处理多指标投入和多指标产出的能力与其他方法相比有着巨大的优势。

链式网络DEA模型是在DEA模型的基础上发展出的一种相对效率分析方法，主要用于对有链式网络架构的评价对象进行效率评价。链式网络DEA模型主要适用于研究生产或者创新活动中具有链式架构并具有可拆分性的对象。举例来讲，当评价对象的创新活动可以拆分为两个阶段，第一个阶段的全部创新产出或部分创新产出能够成为第二个阶段的投入，那么即可以使用链式网络DEA模型进行效率评价分析。链式网络DEA模型相较于传统DEA模型，在测量整体创新活动效率的同时，可以观测到内部分阶段的运行状况。产学研合作是一个复杂的创新系统，产学研系统是由好几个相互关联的子系统构成的链式网络架构，具体而言，它是一系列合作创新过程和实施过程的总和，如果我们不能对产学研的各个子系统进行分析，那么就难以发现问题所在。也就是说，我们在研究产学研合作创新活动时，将创新活动拆分为科技成果创造阶段以及转化阶段，在分析整体创新效率的同时，可以打开创新过程的“黑箱”，分别从科技成果创造阶段以及转化阶段来分析产学研的效率，所以本章采用链式网络DEA模型评价江苏省产学研合作的效率。

但是值得注意的是，本章采用的是DEA模型中的投入导向BCC模型，就是将同类单位进行比较，并不是选取一个绝对的标杆来判断创新活动的效率是否最优化。它所得出的结论是基于评价对象的相互比较，所以说当一个评价对象的DEA效率值达到最高，并不能说明该对象的实际创新活动效率已达到最高，无需改进，而是相对于其他对象表现出较高的创新效率。也就是说，对于计算后得到的效率值为1的单元，虽然并不能说明该单元的产学研创新效率已经是最优化的，可能还存在许多问题。但是其他单元相比于该单元来说，创新效率更为低下，存在的问题更多，因此更加需要得到重视。

二、指标体系构建

想要对产学研合作创新进行效率分析，首先应该认识到产学研是一个复杂的创新系统。产学研系统是由好几个相互关联的子系统构成的链条，是一系列合作创新过程和实施过程的总和，如果我们不能对产学研的各个子系统进行分析，那么就难以发现问题所在。依据前文的介绍，本阶段研究将产学研合作创新的整个过程大致分为以下两个阶段；第一个阶段是产学研知识开发阶段，这个阶段主要是通过知识的交流学习以及合作创造，实现创新知识的初步积累。第二个阶段是科技成果进行转化的阶段，这个阶段将产学研第一阶段的知识积累通过科技成果转化的方式形成产品，获取社会效益。

在将产学研分为这两个阶段的基础上，我们构建了如下指标体系。

（一）知识开发阶段的投入指标

知识开发阶段的效率是在产学研一阶段中产生的知识积累与创造相对于研发投入的比率。知识开发阶段的资源投入指标一般从资金和研究人员投入两个方面进行选取。产学研合作创新相比于企业自主创新 显得更加繁杂，具体而言，产学研合作创新的知识开发阶段投入指标应该主要包括经费投入、人员投入以及仪器设备投入三个方面。其中，经费投入是基本动力来源，人员投入是产学研合作创新中学习、交流知识以及共同创造知识的主要力量。仪器设备投入是产学研合作创新往深层次发展的保证。

根据相关数据的可获得性和相关专家的研究结论，本书分别用企业与高校进行产学研合作创新的研发支出额、共同进行产学研合作创新的研发人员数和进行知识开发的仪器设备原值作为第一阶段的投入指标。

（二）知识开发阶段的产出指标

对于知识开发阶段的产出，学术界大多采用专利相关数据反映该阶段的产出指标，本章结合医药产业产出特点，考虑到并非所有的知识产出都会进行专利申请，专利数不能完全证明知识开发产出质量，所以本章在选择专利数量的基础上加入新技术、新产品和新工艺的开发数量，保证本章的科学性。因此，本章中开发阶段的产出有新产品、新技术的开发项目数、有效发明专利以及专利申请数三个指标。因此，本章在知识开发阶段的产出指标，采取企业与高校进行产学研合作创新所获得的新产品、新技术的开发项目数、有效发明专利以及专利申请数三个指标。

（三）成果转化阶段的投入与产出指标

产学研合作创新的第二个阶段即成果转化阶段，是将第一阶段所得到创新产出进行转化的过程，它的投入指标就是知识开发阶段的产出，即新产品、新技术的开发项目数、有效发明专利以及专利申请数三个指标。其产出指标是通过成果转化得到的效益，本章将新产品销售收入作为评价直接经济收益的指标，将新产品出口额作为评价企业竞争力的指标。

表2-1　投入产出指标

指标类型	变量	指标
知识开发阶段投入	投入变量	研发支出额X_1
		研发人员数X_2
		仪器设备原值X_3
知识开发阶段产出/成果转化阶段投入	中间产出变量	专利申请数Y_1
		有效发明专利Y_2
		新产品新技术项目数Y_3
成果转化阶段产出	最终产出变量	新产品销售收入Z_1
		新产品出口额Z_2

第二节　全国各地区医药产业产学研合作效率分析

本章选取全国医药产业2014—2016年的产学研数据，首先对全国各地区的产学研效率进行初步评价，然后将其他地区与江苏省医药产业的产学研效率与进行比较，明确江苏省医药产学研合作效率在全国所处的位置，并与其他地区进行比较分析，探寻江苏省医药产学研合作效率方面存在的问题。

一、全国范围内医药产业产学研合作创新效率指标数据

本章所使用的数据分为两部分，第一部分为全国各地区（除港澳台、西藏、甘肃地区）产学研合作创新数据，第二部分是选取的江苏省产学研合作创新数据，因为江苏省乃至我国都没有直接对产学研合作创新的相关数据进行收集，所以这些数据主要来自课题组这些年来对产学研合作创新进行的调研以及对高技术统计年鉴数据的筛选。分析中存在有个别数据缺失情况，本书利用spss24.0进行了缺失值替换，以保障研究顺利进行。产学研合作创新从研发投入到科技成果带来效益，这一过程存在时滞性，因此本书取滞后期一年。举例说明，如果知识开发阶段的投入为2014年的数据，那么产出为2015年数据，成果转化阶段的产出就是2016年数据。

其中西藏和甘肃两个样本存在大量数据缺失，因此舍弃这两个样本。

（一）全国知识开发阶段相关指标数据统计

全国知识开发阶段相关指标数据如表2-2所示。

表2-2　全国医药产学研效率评价知识开发阶段（2014—2015年）相关指标数据

地区	投入指标			产出指标		
	X_1（万元）	X_2（人）	X_3（万元）	Y_1（项）	Y_2（项）	Y_3（项）
北京	170 704.7	5 459	19 066.4	414	1 614	1 222
天津	146 426.1	5 907	9 562.4	613	2 386	569
河北	182 424.2	5 778	27 347.8	375	972	755
山西	33 680.6	1 739	2 775.4	97	283	198
内蒙古	15 634	520	1 491.8	49	77	92
辽宁	68 446.2	2 524	11 919.1	222	438	302
吉林	79 316.5	3 068	14 342.4	252	564	536
黑龙江	60 338.8	3 781	63 04.8	263	408	433
上海	180 381.6	5 060	16 594.7	471	1 151	978

续表

地区	投入指标			产出指标		
	X_1（万元）	X_2（人）	X_3（万元）	Y_1（项）	Y_2（项）	Y_3（项）
江苏	546 169.7	17 684	54 729.7	2 057	3 258	2 694
浙江	293 059.7	13 673	30 896	1 442	2 275	2 456
安徽	89 792.9	2 956	12 017.2	713	1214	756
福建	59 455.7	2 642	8 515.6	293	421	444
江西	62 470.8	2 298	8 547.8	369	668	520
山东	681 393.6	16 970	70 055.4	1 716	4 135	2 722
河南	117 769.7	6 568	19 082	460	442	548
湖北	174 453.6	7 845	19 965.8	592	1 052	886
湖南	129 844.1	3 592	13 265.6	11 117	713	543
广东	331 559.3	11 340	54 841.2	1 372	2 853	2 246
广西	37 328	1 156	4 539.5	115	275	224
海南	33 459.7	1 346	4 925.1	210	569	310
重庆	82 983.5	2 408	12 574.1	537	629	690
四川	143 238.4	3 922	18 494.9	1 573	2 386	697
贵州	25 403.8	910	852.3	137	666	209
云南	69 176.8	1 618	5 487.2	258	950	397
陕西	41 452.4	1 558	5 280.1	125	348	311
青海	1 666	791	165.2	4	3	14
宁夏	12 089.4	525	2 727	42	87	175
新疆	3 743.8	136	628.3	42	75	62

（二）成果转化阶段相关统计指标数据

全国成果转化阶段相关统计指标数据如表2-3所示。

表2-3 全国医药产学研效率评价成果转化阶段（2015—2016年）相关指标数据

地区	投入指标			产出指标	
	Y_1（项）	Y_2（项）	Y_3（项）	Z_1（万元）	Z_2（万元）
北京	414	1 614	1 222	17 387 15	20 734.9
天津	613	2 386	569	1 832 149	212 542.7
河北	375	972	755	2 008 148	239 727.3
山西	97	283	198	395 815.3	60 241.9
内蒙古	49	77	92	229 652.5	8 985.5
辽宁	222	438	302	471 909.9	51 958.6
吉林	252	564	536	1 684 920	61 172.5
黑龙江	263	408	433	230 833.1	1 170.8
上海	471	1 151	978	2 144 290	119 129.3
江苏	2 057	3 258	2 694	9 052 097	669 100.6
浙江	1 442	2 275	2 456	5 092 407	1 242 390
安徽	713	1 214	756	1 627 341	141 767
福建	293	421	444	662 398.4	34 129.2
江西	369	668	520	1 217 963	62 844.3
山东	1 716	4 135	2 722	8 990 851	929 699.1
河南	460	442	548	1 201 193	115 516.2
湖北	592	1 052	886	3 033 463	370 752.9
湖南	1 117	713	543	3 236 618	63 741.9
广东	1 372	2 853	2 246	4 216 343	143 946.1
广西	115	275	224	5 335 93.6	36 862
海南	210	569	310	74 497.7	1 400
重庆	537	629	690	2 049 515	146 122.3
四川	1 573	1 386	697	581 660.3	26 250
贵州	137	666	209	567 994.3	1 594.3
云南	258	950	397	323 125.5	1 842.1
山西	125	348	311	588 341.5	2 520.5
青海	4	3	14	21 863.1	1 785
宁夏	42	87	175	252 933	128 296.8
新疆	42	75	62	29 857	332.2

二、全国各地区医药产业产学研整体创新效率评价结果及分析

本章研究使用DEAP2.1软件，采用投入导向的BCC模型。根据表2-2和表2-3中的相关数据进行计算，得到全国各地区（除港澳台、西藏、甘肃地区）2014—2016年医药产业产学研合作创新整体效率值（*E*）。整体效率值代表了最初的知识资源投入产生最终产学研创新成果产出的效率，整体效率值可以初步判断各地区的产学研创新效率水平。整体效率值介于0～1之间，越接近1说明该地区的创新效率越高，越接近0说明该地区的效率越低。本章将大于0.7的效率认定为较为有效，介于0.2～0.7之间的认定为一般有效，低于0.2的认定为较为无效。具体的效率值如表2-4所示。

表2-4　2014—2016年医药产学研合作创新整体效率值

地区	整体效率（*E*）	地区	整体效率（*E*）	地区	整体效率（*E*）
北京	0.409	浙江	0.979	海南	0.089
天津	0.687	安徽	0.743	重庆	1.000
河北	0.456	福建	0.450	四川	0.169
山西	0.606	江西	0.787	贵州	1.000
内蒙古	0.607	山东	0.676	云南	0.229
辽宁	0.284	河南	0.417	陕西	0.569
吉林	0.866	湖北	0.747	青海	0.559
黑龙江	0.153	湖南	1.000	宁夏	0.526
上海	0.539	广东	0.511	新疆	0.320
江苏	0.700	广西	0.584		

通过数据分析结果，我们能得到以下3点结论。

（一）全国医药产学研创新整体效率偏低

样本地区医药产业产学研合作创新的整体效率平均值为0.591，共15个地区（51.7%）的产学研合作创新的整体效率都在均值以下。可见，我国产学研合作创新的整体发展情况不太理想。

（二）全国各地区医药产学研创新效率发展不平衡

从不同地区来看，湖南、重庆、贵州的整体效率值为1，相对于其他地区呈现最优效率，表明这几个地区充分利用了创新投入资源，投入冗余与产出不足等问题没有出现。但这里求得的最优效率是相对相率，并非绝对最优效率，说明这些地区与其他地区相比，是医药产业产学研知识开发活动相对有效的地区。但是，值得注意的是，湖南与重庆相对贵州而言，医药产业发展水平高出很多，在产学研创新方面也投入了大量的资源，但是这三个地区同时在产学研整体创新效率上，表现出一致的有效性，贵州省的产学研创新高效率现象令我们好奇。经调查研究发现，近年来，贵州省食品药品监督管理局先后出台《关于促进医药产业发展的意见》和《引导制药企业新药开发和技术提升工作方案》等一系列文件，通过科学监管、政策引导，推动贵州医药产业产学研创新健康持续发展。对于黑龙江、海南和四川这三个地区，其医药产业的产学研技术开发整体效率不足0.200，表明这三个地区医药产业在产学研合作创新过程中，存在严重的创新资源浪费的问题。

（三）江苏省医药产学研创新整体效率较高，但仍有较大改进空间

江苏省的产学研创新整体效率值为0.700，略高于各地区平均效率值0.591，在全国地区排名中排第十位，这说明江苏省医药产业产学研合作模式还留有较大的改进空间。江苏省作为医药大省，拥有庞大的产学研合作资源，并开展了各种模式的产学研合作项目，然而整体的技术创新效率并不是很高，存在着较大的资源浪费或是产出不足，没有实现资源的合理配置。为了探究产学研创新效率不高的原因，本章接下来将从知识开发与成果转化这两个阶段来展开分析。

三、知识开发阶段全国各地区产学研创新效率评价结果及分析

利用全国医药产业产学研效率评价知识开发阶段（2014—2015）相关指标数据，按照与整体产学研创新阶段相同的计量方法，得到全国各地区（除港澳台、西藏、甘肃地区）2014—2015年医药产业产学研知识开发阶

段创新效率值（E_1），效率值见表2-5。

表2-5　2014—2015年医药产业知识开发阶段效率值

地区	知识开发效率（E_1）	地区	知识开发效率（E_1）	地区	知识开发效率（E_1）
北京	0.579	浙江	0.661	海南	0.741
天津	0.649	安徽	0.771	重庆	0.690
河北	0.297	福建	0.497	四川	1.000
山西	0.522	江西	0.593	贵州	1.000
内蒙古	0.508	山东	0.405	云南	0.855
辽宁	0.308	河南	0.349	陕西	0.534
吉林	0.413	湖北	0.383	青海	0.683
黑龙江	0.568	湖南	0.933	宁夏	0.874
上海	0.517	广东	0.447	新疆	1.000
江苏	0.460	广西	0.469		

通过数据分析结果，我们能得到以下2点结论。

（一）全国各地区医药产学研知识开发效率普遍较低，发展不平衡

样本地区医药产业产学研知识开发阶段的效率平均值为0.611，共17个地区（54.8%）的产学研合作创新的知识开发效率都在均值以下。

在知识开发阶段，高效率地区分别是贵州、四川和新疆，它们该阶段的效率值都是1，说明与其他地区相比，这些地区在产学研的知识开发阶段都取得了很好的效果。但是这些地方医药产业发展程度并不高，因此，效率值较高的原因是因为规模较小，较小的规模可以利于政府的管理，政府严格把控投入的创新资源，促使产学研合作创新各主体之间积极进行学习和交流，创新投入资源不断转化为知识积累，形成新的科学成果。

效率最低的地区是河北，该阶段的效率值为0.297，可以看到，河北的知识开发阶段的效率虽然低于其他地区，但是并没有出现像整体效率中远低于0.200的情况，说明创新资源的冗余情况处于可以接受的水平。

（二）江苏省医药产业产学研知识开发效率很低

对于江苏省而言，其知识开发阶段的技术效率值为0.460，低于平均值0.611，且在各地区排名中排在第22位，说明江苏省医药产业产学研在知识开发阶段存在巨大问题。目前，江苏省的不同的产学研创新主体在知识的学习、交流和技术开发上问题较为明显。造成知识开发阶段创新效率低下的原因是在发展产学研合作时，产学研合作主体过多地追求产学研的投资规模，而不注重投资的效率。因此，要提高江苏省医药产业的产学研整体效率，关键不在于加大创新资源的投入，更应该注意知识开发阶段技术创新效率的提高。

四、成果转化阶段全国各地区创新效率评价结果及分析

利用全国医药产业产学研效率评价成果转化阶段（2015—2016年）相关指标数据，按照整体阶段产学研效率评价相同的计量方法，得到全国各地区（除港澳台、西藏、甘肃地区）2015—2016年医药产业产学研成果转化阶段创新效率值（E_2），效率值见表2-6。

表2-6　2015—2016年医药产业成果转化阶段效率值

地区	成果转化效率（E_2）	地区	成果转化效率（E_2）	地区	成果转化效率（E_2）
北京	0.628	浙江	0.853	海南	0.068
天津	0.880	安徽	0.548	重庆	0.899
河北	0.914	福建	0.461	四川	0.163
山西	0.719	江西	0.659	贵州	0.783
内蒙古	0.860	山东	0.979	云南	0.235
辽宁	0.440	河南	0.690	陕西	0.704
吉林	1.000	湖北	1.000	青海	1.000
黑龙江	0.168	湖南	1.000	宁夏	1.000
上海	0.707	广东	0.553	新疆	0.137
江苏	0.926	广西	0.756		

通过数据分析结果，我们能得到以下两点结论。

（一）全国各地区医药产学研成果转化效率差异化明显

样本地区医药产业产学研成果转化阶段的效率平均值为0.680，共11个地区（37.9%）的产学研合作创新的成果转化效率都在均值以下。

对于产学研合作创新的第二阶段，也就是转化科技成果获取社会经济效益的阶段，该阶段的效率在于评价技术与经济结合的有效程度。与其他地区相比，吉林、湖北、湖南、青海、宁夏这5个地区在产学研合作创新的成果转化环节相对最为有效，其效率值均达到1。

黑龙江、海南、四川和新疆这4个地区的产学研合作创新成果转化效率不足0.200，表明这些地区医药产业产学研合作在成果转化阶段的问题较为突出，存在较大的资源浪费或者是产出不足，没有实现资源的合理配置。尤其是四川和新疆两个地区，它们在知识开发阶段取得了极高的效率，但是由于资源的不合理配置，合作研究阶段取得的科技成果转化率较低，没有能够有效地转化为经济效益，从而导致整体的产学研创新效率同样低下，没有给当地经济带来相应的贡献。

（二）江苏省医药产学研成果转化效率较高

江苏省在成果转化阶段的技术效率值为0.926，远大于均值0.680，且十分接近相对最优效率1，因此，江苏省医药产业产学研合作创新的成果转化环节十分有效，导致产学研整体创新效率偏低的原因主要出现在知识开发阶段。

第三节　江苏省医药产业2004—2016年产学研创新效率分析

一、江苏省医药产业2004—2016年产学研创新数据

本节选取江苏省2004—2016年医药产业产学研合作创新的数据，对其产学研合作创新效率进行评价。在知识开发阶段和成果转化阶段，都与上

文全国各地区（除港澳台、西藏、甘肃地区）产学研合作创新效率分析采用了相同的指标，不再赘述。同样由于存在时滞性，因此产出指标数据对应的是前一年的投入指标数据。

江苏省产学研知识开发阶段相关指标数据如表2-7所示。

表2-7　江苏省医药产业产学研效率评价知识开发阶段相关指标数据

年度	投入指标			产出指标	
	X_1（万元）	X_2（人）	X_3（万元）	Y_1（项）	Y_2（项）
2004—2005	91 261	1 515	25 478	246	185
2005—2006	123 589.4	2 144	35 012.2	151	248
2006—2007	147 427.6	2 382	45 342	206	247
2007—2008	199 330.5	2 967	42 748	299	425
2008—2009	256 070.8	3 967	59 183	734	638
2009—2010	215 201.6	8 699	19 426.3	576	687
2010—2011	206 358.3	7 327	29 957.4	1 225	961
2011—2012	320 944	12 577	39 625.3	1 580	1 504
2012—2013	461 434	13 941	53 840	1 889	1 882
2013—2014	505 921.9	15 377	56 484.7	2 300	2 663
2014—2015	546 169.7	17 684	54 729.7	2 057	3 258

在成果转化阶段，采用的指标与前文相同，具体的成果转化阶段相关统计指标如表2-8所示。

表2-8　江苏省医药产业产学研效率评价成果转化阶段相关指标数据

年度	投入指标		产出指标	
	Y_1（项）	Y_2（项）	Z_1（万元）	Z_2（万元）
2004—2005	246	185	1 148 480.4	56 212.7
2005—2006	151	248	1 426 360	51 042
2006—2007	206	247	1 757 726	64 477
2007—2008	299	425	2 604 952	114 807

续表

年度	投入指标		产出指标	
	Y_1（项）	Y_2（项）	Z_1（万元）	Z_2（万元）
2008—2009	734	638	3 405 150.8	155 730
2009—2010	576	687	3 263 950.4	292 928.6
2010—2011	1 225	961	4 087 746	298 753
2011—2012	1 580	1 504	4 770 177.3	385 451
2012—2013	1 889	1 882	6 422 019.6	432 505.4
2013—2014	2 300	2 663	7 807 447	515 495.2
2014—2015	2 057	3258	9 052 096.6	669 100.6

二、江苏省医药产业产学研合作创新效率评价结果及分析

本章使用DEAP2.1软件，采用投入导向的BCC模型，根据表2-7和表2-8中的相关数据进行计算，得到江苏省2004—2016年医药产业产学研合作创新知识开发阶段和成果转化阶段的综合效率值、纯技术效率值和规模效率值。其中综合效率值是纯技术效率值与规模效率值的乘积，是决策单元的产学研创新资源配置等多方面能力的综合衡量。纯技术效率是指决策单元在最优规模下的投入产出创新效率，该值的大小受到参与产学研合作各主体的管理技术等因素的影响。规模效率反映的是地区产学研实际发展规模与最优发展规模之间的差距，其效率值受到不同地区的产学研发展规模因素的影响。在本章中，主要参考的是综合效率值的大小，具体数值如表2-9和2-10所示。

表2-9 江苏省医药产业产学研知识开发阶段产学研效率评价结果

年度	第一阶段：知识开发阶段			
	综合DEA值	纯技术DEA值	规模DEA值	规模报酬
2004—2005	0.973	1.000	0.973	递增
2005—2006	1.000	1.000	1.000	不变
2006—2007	1.000	1.000	1.000	不变
2007—2008	1.000	1.000	1.000	不变
2008—2009	0.814	1.000	0.814	递减
2009—2010	1.000	1.000	1.000	不变
2010—2011	0.802	1.000	0.802	递减
2011—2012	0.630	0.890	0.708	递减
2012—2013	0.617	1.000	0.617	递减
2013—2014	0.525	0.979	0.537	递减
2014—2015	0.683	1.000	0.683	递减
平均值	0.822			

表2-10 江苏省医药产业产学研成果转化阶段产学研效率评价结果

年度	第二阶段：成果转化阶段			
	综合DEA值	纯技术DEA值	规模DEA值	规模报酬
2005—2006	0.888	1.000	0.888	递增
2006—2007	0.628	0.861	0.729	递增
2007—2008	0.594	0.773	0.769	递增
2008—2009	0.793	0.936	0.847	递增
2009—2010	1.000	1.000	1.000	不变
2010—2011	0.733	1.000	0.733	递增
2011—2012	1.000	1.000	1.000	不变
2012—2013	0.977	0.977	1.000	不变
2013—2014	0.864	0.882	0.980	递减
2014—2015	1.000	1.000	1.000	不变
2015—2016	1.000	1.000	1.000	不变
平均值	0.862			

通过数据分析结果，我们能得到以下几点结论。

（一）江苏省医药产学研知识开发阶段平均效率值较低

从评价的结果来看，在知识开发阶段，江苏省有四年的综合效率值达到了1，相对于其他年份效率达到最优。除去最优效率年份，其他年份中只有三年的综合效率值在0.800以上，效率比较低，其余四年的效率甚至在0.7以下，且知识开发的平均效率值为0.822。

在产学研合作创新的成果转化阶段，同样有四年的综合效率值达到了1，相对于其他年份显示出最优效率。剩下的七年中综合效率值在0.800以上的有三年，这说明这几年在产学研合作创新的成果转化阶段的综合效率相对较高。其中，只有两年的综合效率值在0.700以下，有五年的效率值在0.700～1.000之间，成果转化的平均效率值为0.862，可见，相对于知识开发阶段，江苏省医药产业在产学研成果转化环节创新效率情况良好。

（二）相对于成果转化阶段，知识开发阶段的效率还有较大的提升空间

江苏省医药产业产学研合作创新的知识开发阶段与成果转化阶段的综合效率值分布对比如表2-11所示。从表2-11可以看出，知识开发阶段与成果转化阶段都没有效率值低于0.5的年份，因此，整体创新效率较高。

继续观察，我们可以发现江苏省医药产业产学研合作创新的两个阶段中，效率值在0.5～0.6、0.8～0.9、0.9～1.0的区间里，知识开发阶段和成果转化阶段效率值接近的年数是相同的。但是在0.6～0.7效率值区间，知识开发阶段处于该效率值的年数为3，而成果转化阶段处于该效率值的年数为1；在0.7～0.8效率区间，知识开发阶段没有年份的效率值落在这个区间，而成果转化阶段有1年的效率值落在这个区间。总体而言，2004—2016年中，成果转化阶段的创新效率普遍较高，而知识开发阶段的创新效率则相较而言较低。所以相对于成果转化阶段，知识开发阶段的效率还有较大的提升空间。

表2-11　两个阶段综合效率分布对比情况

创新效率分布区间		0～0.5	0.5～0.6	0.6～0.7	0.7～0.8	0.8～0.9	0.9～1	1.000
第一阶段	年数	0	1	3	0	2	1	4
	比例	0.00%	9.09%	27.27%	0.00%	18.18%	9.09%	36.36%
第二阶段	年数	0	1	1	2	2	1	4
	比例	0.00%	9.09%	9.09%	18.18%	18.18%	9.09%	36.36%

（三）相对于成果转化阶段，知识开发阶段的效率值整体呈逐年下降趋势

江苏省医药产业产学研合作创新的知识开发阶段与成果转化阶段的综合效率值发展趋势对比如图2-1所示。从图2-1可以看出，两阶段的效率值趋势都存在波动现象，但是整体而言，成果转化环节的效率值呈现上升趋势，而知识开发环节的效率值呈下降趋势，可见相对于成果转化，知识开发阶段存在的问题较为严重。

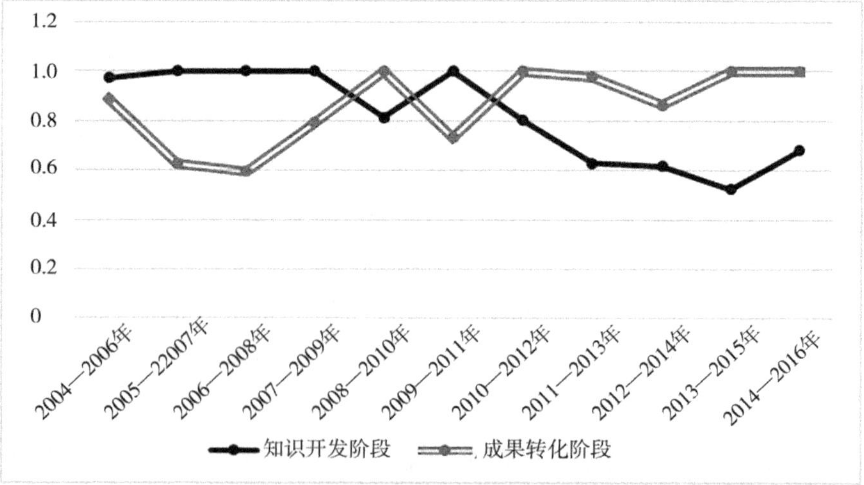

图2-1　两阶段综合效率发展趋势对比情况

第四节　江苏省医药产学研创新效率低下原因分析

上一节的实证研究分别从2014—2016年全国范围（除港澳台、西藏、甘肃地区）的医药产学研效率和江苏省医药产业2014—2016年产学研效率两个角度进行分析，得出的结论是江苏省医药产业产学研创新效率不高，仍有很大的上升空间。因此，本节通过借鉴产学研创新效率较高的省份的先进经验，探寻江苏省医药产学研效率低下的深层次原因。

一、医药产业产学研两阶段子效率的区域差异分析

本章以知识开发阶段效率为横轴，以成果转化阶段效率为纵轴，建立反映各省份医药产业产学研创新两阶段效率的二维坐标系。为了将江苏省与其他省份进行比较，同时以江苏省医药产业产学研知识开发阶段效率值0.46，江苏省医药产业产学研成果转化阶段效率值0.926为划分标准，将点（0.46，0.926）作为该二维坐标系的原点。根据上一节所得各省份产学研知识开发阶段效率值和成果转化阶段效率值，得出我国各省份医药产业产学研“知识开发—成果转化”效率矩阵图（如图2-2所示），由此将全国划分为四个区域。

（一）A类地区——低知识开发效率，低成果转化效率

该类地区两阶段效率值都低于江苏省，说明该类地区的产学研合作经验对江苏省产学研合作的借鉴意义不大。此外，从图2-2可以看出，所考察的29个省份落在A区域的只有4个，说明我国医药产业产学研合作整体进展良好，只有极少数地区产学研创新过程中的两阶段均处于低效率状态。

（二）B类地区——高知识开发效率，低成果转化效率

该类地区是知识开发效率大于江苏省医药产业产学研知识开发效率、成果转化效率小于江苏省的区域。这类地区的知识开发阶段的效率相对较

高，成果转化阶段的效率偏低，应该重点提高成果转化效率。

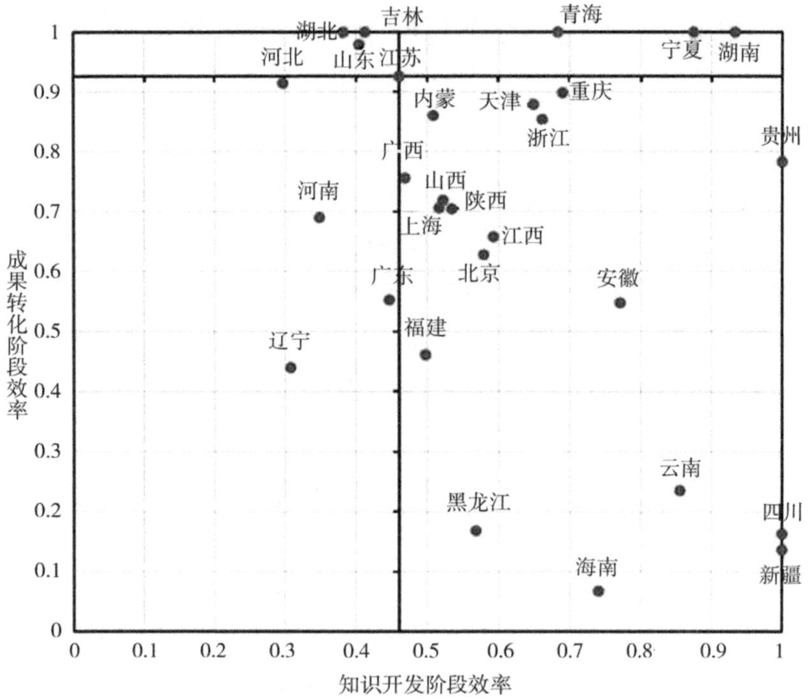

图2-2　各省份医药产业产学研两阶段效率矩阵图

（三）C类地区——高知识开发效率，高成果转化效率

该类地区是产学研两阶段效率均大于江苏省的区域，说明与江苏省相比，这类地区投入的创新资源得到了更好的利用，有很好的借鉴意义。

（四）D类地区——低知识开发效率，高成果转化效率

该类地区的知识开发效率小于江苏省，成果转化效率大于江苏省。该类地区医药产业产学研合作的知识开发阶段效率较低，应重点提高该阶段效率。

本章分析江苏省医药产业产学研效率低下的原因，主要参考对照C区域的省份。从图2-2可以看出，所考察的29个省份落在C区域的有3个，分别是青海、宁夏、湖南，这些区域医药产业产学研具有高知识开发效率和高成果转化效率的特征，同时这两个阶段的效率均高于江苏省。考虑到本章采用的DEA分析法是通过比较投入与产出得出效率相对值的方法，效率相对值高并不能直接代表该地区产学研合作机制健全，具有推广借鉴意义。例如，青海和宁夏虽然效率相对值显示出较高水平，但是经济发展落后，产学研投入规模明显较小，对江苏省产学研合作的借鉴意义不大。综合考虑之后，本章选择对湖南省医药产业产学研进行详细分析，同时将江苏省医药产业产学研与湖南省进行对比，发现江苏省的不足之处。

二、湖南省医药产业产学研合作状况分析

湖南省的产学研协同创新工作始于20世纪90年代，政府一直高度重视这一工作，大力实施以科技创新为支撑，以产学研合作为重点的创新驱动发展战略。

医药产业紧跟创新发展新趋势，以市场需求为导向，在中药、化学药、生物药等领域，探索医药发展新模式，推动产学研深度融合。另外，湖南省政府提供了一系列有力措施，对医药产业产学研合作进行切实保障和积极引导，最终形成了独具特色的湖南省医药产业产学研发展路径。很多宝贵经验值得我们学习借鉴，归纳起来有如下几点。

（一）政府设立产学研专项资金，提供强有力的资金支持

湖南省为加快建立以企业为主体、市场为导向、产学研相结合的技术创新体系，自2012年起，每年通过省级财政预算安排，设立产学研结合专项资金，主要支持科技攻关、成果转化、创新联盟的建设等相关活动。2012—2016年共投入财政资金7.8亿元。2017年，湖南省产学研结合专项财政投入增加到2.8亿元，其中1.3亿元用于战略性新兴产业科技攻关与重大科技成果转化项目。2017年立项的40个项目中包括高效高选择性嗜热毛壳菌磷脂酶创制及产业化关键技术研究、紫薯花青素的高效提取及新产品工业化关键技术研究、芽岩莓植物黄酮及二氢杨梅素提取分离关键技术研究与产业化3个医药产业技术攻关与转化项目。另外1.5亿元，用作湖南省创新创业技术投资项目，2017年实施的52个项目中包括拉米夫定片一致性评价项目、新型高糖酶的创制及产业化应用、新型抗肿瘤制剂及其辅助用药的研究与应用、生姜全利用深度开发关键技术研究及其产业化、动物软骨高

值化综合利用技术攻关与产业化、布南色林原料药及其片剂开发、“正清风痛宁风湿与疼痛‘金三角’特色疗法”成果转化及产业化、张家界特色野葛根饮品关键技术研究及产业化项目等19个生物医药产业项目。

同时，为规范专项资金的管理和使用，提高资金使用效率，特制订《湖南省产学研结合专项资金管理暂行办法》。2016年，为加强专项基金管理，在暂行办法基础上，根据国务院关于科研项目基金管理的系列通知，发布了《湖南省产学研结合专项资金管理办法》。经过科学的管理，湖南省产学研专项基金已取得显著成效，2012—2016年组织实施省战略性新兴产业科技攻关与重大科技成果转化项目325个。抽取其中125个项目评估，这125个项目承担单位缴纳税费74.57亿元，实现利润51.78亿元。

由此可见，湖南省高度重视医药产业产学研合作，其产学研结合专项资金以大力度投入和集中式支持，为湖南省医药产业产学研合作注入强劲动力，成为湖南省医药产业提高自主创新能力、加快转变经济发展方式的重要手段之一。

（二）建立了产学研合作新组织体系，产学研合作意识强烈

湖南省各地政府部门为促进产学研合作的需要，设立产学研管理机构，专门组织产学研各方对接、研讨等活动。如长沙市成立了专门的产学研办公室，负责制定发展规划，组织相关活动，完善保障体系等工作。例如2018年11月20日，组织长沙本地企业与湖南中医药大学开展政产学研对接活动，包括中医药保健品、功能性食品、中药制备和种植技术、大健康产业技术及产品、中药日化产品等领域。湘潭市通过“征集企业技术难题—反馈高校选择课题—校企签订合作协议”的方法，在本市重点产业，已经成功引导150多家企业与清华大学、湖南大学、中科院武汉病毒所等多家高等院校、科研院所开展了产学研合作活动。

由于激烈的市场竞争，一些企业会主动与高等院校或科研院所合作，进行科技项目的创新攻关，也有一些资金充沛的大中型企业，会出资建立产学研创新平台。如株洲千金药业通过产学研合作，对妇科千金片等产品在生产、流通、应用等环节出现的问题进行联合攻关，效果显著。

湖南各高校产学研合作积极性较高，校内产学研管理机制也趋于完善。例如，湖南中医药大学为充分激发科技成果转化和科技协同创新工作的积极性，早在2011年就印发了《湖南中医药大学产学研项目和经费管理办法》，对产学研项目立项程序、合同管理、执行管理、奖惩情况、经费管理等做出详细规定。在政策引导和体制保障下，湖南中医药大学积极与医药企业进行产学研合作，已经产生了很多成果，比如新药肝复乐、乙肝宁等知名中药产品。

（三）建立了产学研合作政策新体系

一方面，湖南省产学研合作相关的政策体系非常完善，有长期、宏观的战略安排，例如《关于增强自主创新能力建设创新型湖南的决定》，明确指出湖南省创新体系中企业、政府、科研院所等机构的定位，以及增强创新能力过程中应采取的形式和遵守的原则。《湖南省人民政府关于贯彻落实〈国家中长期科学和技术发展规划纲要（2006—2020年）〉若干配套政策的通知》中规定："对科研单位和高等学校产学研合作过程中取得的技术服务性收入，暂免征企业所得税。"《中共湖南省委、湖南省人民政府关于建设教育强省的决定》倡导高校应积极探索建立产学研合作的动力机制，与企业、科研院所建立全面的战略合作关系。

另一方面，湖南省对产学研合作也有具体、细致的发展规划。比如《关于促进产学研结合增强自主创新能力的意见》（湘发〔2008〕14号）明确湖南省产学研结合的发展思路是坚持以企业为主体、政府引导、需求导向，市场化运作，推动产学研深度结合，五年内可以在优势产业培育50个产学研结合技术创新战略联盟。

此外，湖南省非常重视产学研合作的成熟经验的总结。早在2008年，湖南省科技厅就通过评选出一批有成熟经验的、可推广的产学研合作平台，挂牌作为产学研合作示范基地，供全省学习借鉴。2009年制定出台了《湖南省高校产学研合作示范基地管理办法》，对示范基地进行规范和管理。

（四）中介平台发展完善

在湖南省委省政府的推动下，湖南省已经建成了许多中介服务平台，这些平台的成立打破了各方信息封闭的状况，实现了科技创新信息资源的共建共享，有效促进了产学研各方的互动和合作。具体有以下中介服务平台。

第一，湖南省科技信息平台。该平台由湖南省科技厅设立，主要负责科技文献信息收集、整理、加工、分析等工作，可以提供科技信息相关的业务指导和情报支持。

第二，湖南省中小企业公共服务平台。该平台通过国家补助、地方自筹的形式建立，目前已覆盖省级、市级、县级等1 000多个产业服务窗口和机构，主要解决中小企业信息、人才、技术、融资、维权等多方面需求。

第三，长沙市技术升级公共服务平台。该平台内分为医药、食品、电信等七大产业平台，通过对长沙市各产业需求进行调研分析后，整合产业资源，切实提高了信息服务效率。

（五）高层次科技人才培引体系完善

湖南省非常重视人才工作，出台一系列举措，充分发挥人才在促进科技创新中的核心推动作用。湖南省对人才的重视，从人才经费支出可见一斑，“十二五”期间，全省共投入科技人才经费5 600万元。在2017年，该类经费就增至2.4亿元，有力增强了创新引领发展的动力。

“122”高层次科技人才支持体系，其中“1”，即对引进人才最高提供1亿元支持；第一个“2”，是以培养为主的“科技创新领军人才培养计划”和“湖湘青年科技创新人才培养计划”；第二个“2”，则为“院士专家工作站建设支持计划”和“省企业科技创新创业团队支持计划”。

总结来看，湖南省高层次科技人才培引体系有三大特点。

一是高层次科技人才支持体系定位明确。根据省内实际情况，重点实施了高层次人才、领军人才、科技创新人才的聚集和培养计划。

二是高层次科技人才激励体系科学合理。根据人才创制实践性质、特点、价值等因素，确定分配标准和支持力度，在编制、收入分配、职称评审、股权激励、人才居留、落户门槛、人才社保、购房、人才子女就学等方面进行保障。

三是高层次科技人才服务体系完善。出台《关于进一步加强和改进对我省高层次科技创新人才（团队）服务的工作方案》《关于建立厅领导与青年科技人才联系对接的实施办法》等多个文件，吸引人才到湖南创新创业。

（六）自主创新示范区引领作用

2014年长株潭国家自主创新示范区成立。自创区按照一区三谷多园的格局发展，包括“长沙·科创谷”“株洲·动力谷”和“湘潭·智造谷”三个主要区域，并逐步像岳阳、衡阳等周边地区辐射。长株潭自创区建设工作得到了科技部的认可，被列为快速增长的自创区之一。

经过六年的发展，自创区已经建立了科学有效的统筹协调机制和政策支撑体系。出台了《关于建设长株潭国家自主创新示范区的若干意见》《长株潭国家自主创新示范区建设专项资金管理办法》《关于做好2018年长株潭国家自主创新示范区专项项目后续组织实施工作的通知》《长株潭国家自主创新示范区建设三年行动计划》《长株潭国家自主创新示范区建设目标任务分解表（2017—2019年）》等政策文件，在平台建设、人才培养、成果转化、金融支持等方面开展试点。自创区建设成果显著，目前全省的科技成果，一半以上来自自创区，切实带动湖南省全省综合创新能力的提高。

三、江苏省医药产业产学研效率低下的原因分析

通过与湖南省医药产业产学研体系的对比研究，发现江苏省产学研合作主要存在以下问题。

（一）政府科技资金大而不专

江苏省省级科技专项资金主要有自然科学基金、科技条件建设与民生科技专项资金、前瞻性研究专项资金、企业创新与成果转化专项资金共四种。

1. 自然科学基金。主要面向江苏省经济和社会发展的重大需求，开展科学研究。

2. 科技条件建设与民生科技专项资金。主要针对高新技术产业和战略

性新兴产业的布局和平台建设；重大疾病相关的医学研究、成果转化等。

3. 前瞻性研究专项资金。围绕高新技术产业、战略性新兴产业、农业现代化、生态文明建设等重点领域，进行前沿技术、关键技术的研发和应用。加强国内外产学研合作与协同创新，引导各类创新主体合作。

4. 企业创新与成果转化专项资金。支持企业创新研发、成果产业化开发等项目。同时，对部分获得立项的国家科技重大专项给予支持。

由此可见，江苏省省级科技专项资金中未列出产学研专项资金，仅有前瞻性研究专项资金、企业创新与成果转化专项资金两项涉及产学研合作，但是每年具体分配多少金额用于支持产学研合作不确定。

江苏省针对产学研的专项激励措施，只有江苏省科技厅每年设立的产学研合作项目，针对江苏省“双创计划”的科技副总（这是江苏首创的引进科研人才的机制，引导更多学者走进企业，利用自身优势为企业创新助力），给予15万元激励性资助或者给予指导性计划立项支持，助力职称评定。

与湖南省相比之下，江苏省对产学研的重视程度不够，资金支持缺乏。

（二）产学研信息服务平台效率低下

目前全省只有“江苏省产学研合作服务中心”唯一一家产学研专项服务机构，隶属于江苏省生产力促进中心，属于江苏省科技厅管辖的公益性科技服务机构。

江苏省产学研合作服务中心主要负责建设江苏省产学研合作智能服务平台，此外，单年举办“中国·江苏产学研合作成果展示洽谈会”，双年组织产学研“走出去”系列活动。

此外，信息服务平台大多是政府建立的非营利性机构，例如江苏省技术产权交易市场，通过收集技术成果和企业需求，构建数据库。但是该类机构由于公益性的定位，效率低下，实用性不强。

医药产业相关的信息服务平台更少，比如江苏省生物医药科技公共服务平台由江苏省高新技术创业服务中心建立，现依附于江苏省药物研究与开发协会，采用会员制，在个人或者单位申请入会并按期缴纳会费的情况下，可以获得政策法规咨询服务、科技计划项目申报咨询服务、资金投融资服务、技术成果转化服务等。

高校方面，高校教师平时忙于教学和科学研究，即使取得有价值的科研成果后，也没有精力和时间去精心挑选合适的合作伙伴。此时，就需要熟悉该研究成果并且了解市场需求的专业服务机构，促成产学研合作，完成科研成果转化。但是，很多高校未设立专门的产学研机构或者技术转移中心，由科技处兼职负责学校产学研合作相关事宜，这种情况下，一般缺乏完善的人员考核和激励制度，导致科技处人员对产学研工作缺乏积极性。促进产学研合作方面，江苏省医药类高校中的南京中医药大学做得较好，设立了技术转移中心，并建设了技术转移中心网站，详细梳理国家、省级、地方法规，推广学校新药成果、收集校外企业需求、展示校内科研基地专家库等内容，网站内容丰富及时，有效促进了南京中医药大学与企业的产学研对接合作。

（三）产学研政策规范体系不完善

政府在产学研合作中的作用主要是宏观指导、组织协调、制定政策和法规、建立公共服务平台，但江苏省产学研相关的政策法规体系还有待完善。目前江苏省与产学研合作相关的政策，主要是科技成果转化部分，比如《江苏省科技成果转化专项资金管理办法》，主要是为了提高科技成果转化专项资金使用效益，特制定的办法。

从中观层面上讲，校企合作协调机制还不完善，目前的产学研合作很多都是自发的民间活动，未对合作中的责任、权利、义务进行明确划分。尤其遇到问题时，缺乏外部机制保障，难以建立稳定、持续的合作关系。双方在建立稳定的、互惠互利的合作关系方面没有外部机制的保障，只是靠双方合作的态度相互制约，合作中变数很多。

从微观上来说，高校内部产学研激励机制不完善，导致广大师生参与产学研合作的积极性有限，仍有不少人认为发表学术论文就是做学问，轻视研究成果的应用和转化。此外，一些大学仍然偏向于追求纯粹的学术价值，在学者普遍关心的评奖、评优等方面，论文导向过重，缺乏对科技成果应用和转化的倾斜。

（四）科技人才培养体系不完善

目前，江苏省人才培养处于以高新区创新资源吸引人才、省自然科学基金支持人才、分配收益激励人才的阶段，显然，高层次人才选择工作的深层次影响因素，远不止这些。科技人才不仅需要在工作上得到奖励表彰以及良好的发展机会，更需要有完善的生活保障性措施，比如人才居留、落户门槛、人才社保、购房、人才子女就学等方面优惠政策。此外，完善的人才培引体系建设需要人才工作领导小组办公室、人力资源和社会保障厅、科技厅、发展改革委等相关职能部门机构紧密分工合作，但是当下江苏省人才培引政策基本都是政府个别部门出台，仅从本部门的职责范围内制定人才发展计划，各部门之间的协调程度较低。例如江苏省科技厅和省人才工作领导小组办公室联合出台了《江苏省“十三五”科技人才发展规划》，该规划中仅有分配收益、财税减免等财政激励措施，缺乏生活性保障措施等。2017年江苏省委单独发文出台《关于聚力创新深化改革打造具有国际竞争力人才发展环境的意见》，从人才培养、引进、使用、保障机制和加强党管人才5个方面提出建议，旨在优化人才发展环境，但是目前为止只有江苏省人力资源和社会保障厅和江苏省人才工作领导小组办公室制定出台了相应实施细则，其他部门的落实情况未知。

（五）苏南国家自主创新示范区建设有待完善

2014年苏南国家自主创新示范区成立。2015年8月，科技部印发《苏南国家自主创新示范区发展规划纲要（2015—2020年）》；2016年8月，江苏省财政厅和江苏省科技厅印发《苏南国家自主创新示范区建设专项资金管理暂行办法》；2018年2月江苏省人大颁布实施《苏南国家自主创新示范区条例》。

经过三年多的创建，苏南自创区建设了六大服务平台：产业技术协同平台、设施共享平台、投融资服务平台、开放合作平台、创新政策服务平台、创新创业服务平台。初步构建了以创新资源集聚为特色的高新区创新发展机制、以高新技术企业培育为特色的企业创新发展机制、以产业技术创新中心为特色的产业集聚发展机制、以产业技术研究院为特色的政策先行先试机制、以科技人才创业为特色的大众创业机制、以科技金融风险补偿为特色的科技金融发展机制、以整体联动统筹发展为特色的创新一体化发展机制等七大发展机制。

但是苏南国家自主创新示范区与长株潭自创区相比，仍有如下不足之处。

1. 发展规划过于粗放

苏南自创区的高质量发展，不仅需要从宏观上把握整体发展趋势，还需要从微观上明确各阶段的工作目标，以便高效地完成苏南自创区发展工作。目前苏南自创区缺乏三年行动计划、目标任务分解表这样的详细的短期建设性文件。

2. 侧重科技成果转化

苏南自创区尤其重视技术创新中的科技成果转移转化部分。目前，苏南自创区共有17个科技成果产业化基地，采取了全方位的科技成果转移措施，吸引科技成果在自创区实现产业化。例如，位于南京江北新区的生物医药科技成果产业化基地，已经聚集一批科技成果转化项目，覆盖药物、器械、检测试剂等领域。

但是苏南自创区忽略了科技创新和成果转化的同等重要性，即便是在科技成果产业化之后，产业的长远发展依旧需要源源不断的知识创新。

3. 自创区各城市创新产业政策同质化严重

《苏南国家自主创新示范区发展规划纲要2015—2020年》中指出，自创区内各城市应该分工协作、错位发展，共同提升区域综合竞争能力。但是相较于长株潭自创区形成极具特色和竞争力的三谷协同错位发展的产业格局，目前苏南自创区的创新产业政策缺乏整体规划，各区域的产业政策导向和配套政策高度相似，缺乏互补性和协同性，直接导致自创区内部不良竞争，造成创新资源的浪费。

第三章　江苏省产学研合作现状调查研究

通过第二章的实证分析，我们发现江苏省产学研创新效率仍然不高，大量的创新投入并没有带来与之匹配的创新产出。为了更为深入地了解产学研创新效率低下的原因，本章深入研究产学研合作的两大行为主体——产学研合作企业与高校，通过对企业与高校的产学研管理人员进行问卷调研，利用主成分分析法进行数据分析。首先对调研所得的十项指标数据进行降维，降维的结果得到三个主成分，分别为产学研合作方式及成效、产学研合作保障机制以及产学研合作第三方支持体系。得到的三个主成分能够较大程度地反映原来十项指标数据的信息，接下来通过调研所得到的数据求得这三个主成分的均值，通过均值可以判断这三项降维后的指标在当前产学研合作中的发展现状。均值较低的说明受调研人员对该指标的实际现状并不满意，均值较高说明对该指标的实际发展情况较为认可。基于主成分分析法的实证分析可以在更为现实的层面探究产学研难以深度融合的现实原因。

第一节　主成分分析法介绍与问卷设计

一、主成分分析法介绍

主成分分析法（Principal Component Analysis），是由Pearson在20世纪初提出的，这是一种将多变量通过降维方式转换为主成分变量的方法。每个主成分代表多个原始变量的线性组合，因此，这些主成分可以反映原始变量的大部分信息。由于主成分彼此独立，所以分析中包含的信息彼此不重叠。本章通过SPSS24.0自动完成本章节的数据处理。具体原理步骤分为以下几步。

设有n个观测样本，这些样本一共有p个指标，那么这些样本指标形成的初始矩阵为

$$\boldsymbol{X}=\begin{bmatrix} x_{11} & x_{12} & x_{13} & \cdots & x_{1p} \\ x_{21} & x_{22} & x_{23} & \cdots & x_{2p} \\ \vdots & \vdots & \vdots & \ddots & \vdots \\ x_{n1} & x_{n2} & x_{n3} & \cdots & x_{np} \end{bmatrix}$$

（一）标准化处理原始数据

不同的变量具有不同的变化程度和单位，为了抵消量纲、变化程度等因素的干扰影响，需要对收集的原始数据进行标准化处理。标准化的公式为：

$$Zx_{ij}=\frac{x_{ij}-\bar{x}_j}{\sqrt{\mathrm{Var}(x_j)}}$$

$$i=1,2,\cdots,n;j=1,2,\cdots,p$$

式中，$\bar{x}_j$为第j个变量的均值；$\sqrt{\mathrm{Var}(x_j)}$为第j个变量的标准差

（二）构造变量的相关矩阵

$$\boldsymbol{R}=r_{ij(p\times n)}\quad \boldsymbol{R}=\boldsymbol{X}'\boldsymbol{X}$$

（三）求解相关矩阵的特征值和特征向量

特征值 $\lambda_1\geqslant\lambda_2\geqslant\cdots\geqslant\lambda_p$

特征向量

$$\boldsymbol{\alpha}_1=\begin{bmatrix} \alpha_{11} \\ \alpha_{21} \\ \vdots \\ \alpha_{p1} \end{bmatrix},\boldsymbol{\alpha}_2=\begin{bmatrix} \alpha_{12} \\ \alpha_{22} \\ \vdots \\ \alpha_{p2} \end{bmatrix},\cdots,\boldsymbol{\alpha}_p=\begin{bmatrix} \alpha_{1p} \\ \alpha_{2p} \\ \vdots \\ \alpha_{pp} \end{bmatrix}$$

（四）写出主成分表达式

$$F_j=\alpha_{j1}X_1+\alpha_{j2}X_2+\alpha_{j3}X_3+\cdots+\alpha_{jp}X_p$$

$$j=1,2,\cdots,m$$

二、问卷设计

（一）调研对象

本课题调研旨在了解江苏省医药产业产学研发展现状，了解开展产学研合作的企业与高校对当前产学研合作情况的满意程度，因此，调研的对象为江苏省进行产学研合作的医药企业及有医药产品研发能力的高校。调研的医药企业具体分布于南京生物医药谷、泰州中国医药城、连云港新医药产业集群与苏州生物医药产业园等地；调研的高校包括中国药科大学、南京中医药大学、南京大学与东南大学等。对这些企业与高校产学研合作的负责人发放问卷，了解江苏省医药产业产学研合作现状及存在的问题，具体问卷参见附录。调查中共发放问卷110份，回收102份，有效回收率为92.73%。

（二）指标选取

已取得合作成效X_1：本章调研的企业与高校都已经开展了一定程度的产学研合作，该指标的选取旨在了解他们对已经开展的产学研项目的满意程度。

产学研合作模式X_2：产学研合作模式是企业和高校实现具体目标的具体行动计划。这是一种将合作双方联系起来的对接方法，当前江苏省医药产业采取的合作模式主要为了实现成果转让、人才培养与服务咨询等。该指标的选取旨在了解企业与高校对当前的产学研合作模式的满意程度。

产学研合作动力X_3：企业参与产学研合作的目的主要是为了通过转化高校的成果，实现经济效益，对于培养优秀的企业人才与吸引高校人才也有一定的需求。高校参与产学研合作的目的主要是为了培养符合社会需要的技术性人才，以及将高校的科研成果进行转化，推进社会经济发展。一致的产学研合作动力可以提高产学研合作双方的合作效率以及未来再次合作的可能。该指标的选取旨在了解企业与高校的合作动力是否一致。

产学研合作信任X_4：信任是合作的基础，产学研合作双方无论是在合作目的还是在合作理念上都会存在一些不同，产学研合作涉及成果对接、协同研发与人才培养等多个阶段，这些不同的合作理念会在各个阶段对产学研合作效果产生影响。因此，该指标的选取旨在了解当前在产学研合作中，企业与高校是否存在合作信任危机，以及如果存在信任危机，该问题是否严重。

价值观冲突X_5：在经济社会中，不同行为主体有不同的价值观念。企业因为其追求利益的本质，在产学研合作中往往追求有成果转化价值的科技成果。高校的科研人员在进行科研工作时并没有过于追求成果所带来的经济效益，并且高校还有人才培养的需求。因此，不同的价值观念会在产学研合作中带来问题，该指标旨在了解当前的合作中是否存在价值观冲突的问题，以及如果存在冲突，这些问题是否严重。

合作利益分配机制X_6：产学研合作利益分配机制包括企业与高校的利益分配与高校内部的成果利益分配，合理的利益分配机制可以提高合作双方的积极性，促进产学研合作的开展。因此，该指标旨在了解各方合作利益分配机制是否合理。

风险分担机制X_7：医药行业有着高投入、高产出、高风险的特点，产学研合作需要企业与高校及其他机构共担风险。该指标旨在了解当前的风险分担机制是否合理。

政府资助X_8：在产学研合作中，政府资助主要体现在对有成果转化前景的研发项目进行立项支持，提供一定的资金以及服务咨询，以及对产学研合作企业与高校提供补贴与奖励。该指标旨在了解政府的资助对产学研合作的帮助是否有效。

政策法规X_9：产学研相关政策法规一般包括中共中央、国务院及其部门制定的规定、办法、准则以及行业的规范和条例规章等，以及江苏省地方政府为促进产学研发展自行实施的规定办法。该指标旨在了解当前的政策法规在保障产学研顺利开展方面是否有效。

产学研科技中介机构X_{10}：科技中介机构是指开展技术传播、成果转化、技术评估、创新资源配置、创新决策和管理咨询等专业服务的机构，是知识密集型服务业，是国家创新系统的重要组成部分。该指标旨在了解当前产学研中介机构对产学研合作的促进效果。

第二节　江苏省医药产学研合作现状调研分析

本课题对江苏省开展医药产业产学研合作的企业与高校中的相关负责人发放问卷，请他们评价江苏省医药产业产学研合作现状的发展情况。对江苏省医药产学研合作现状的维度评价采用5级李克特量表（Likert Scaling）进行测量，对每个评价指标用5个表示不同重要性等级的词语表示其倾向程度。针对不同的指标，采用了不同的提问方法。其中，调查了解产学研合作负责人对合作成效的满意程度；认定合作模式和利益分配机制的合理程度；合作动力的一致性程度；合作信任和价值观冲突问题的严重程度；风险分担机制、研发资助、政策法规和中介机构的有效程度。之后对每个等级赋予不同分值，“非常满意”“非常有效”“完全不存在冲突”等非常积极的选项赋值为5；“较满意”等较为积极的选项赋值为4；“一般”等赋值为3；“较不满意”等较为消极的选项赋值为2；“非常不满意”“毫无效果”“存在严重问题”等非常消极的选项赋值为1。调研中共发放问卷110份，回收102份，有效回收率为92.73%。

问卷回收后，采用主成分分析法对其进行如下实证研究。

一、KMO检验

KMO检验是一种测试变量之间相关程度的检验方法。通常，在主成分分析之前需执行KMO检验以确定变量是否适合于主成分分析，一般认为KMO值大于0.5的样本数据适合使用主成分分析方法。

通过SPSS24.0的数据分析显示，本章研究数据的KMO值是0.761大于0.5，且对应的p值概率为零。说明本章数据适合进行主成分分析。

为了判断原始变量是否适合作因子分析，所以需要先进行KMO检验。如表3-1，一般而言，KMO统计量大于0.5意味着因子分析可以进行，若KMO统计量在0.7以上则是令人满意的值，说明原始变量较适合做因子分析。

表3-1　KMO检验

KMO统计量		0.761
KMO检验	近似卡方	445.33
	df	45
	Sig.	0.000

二、计算特征值及主成分贡献率

在主成分分析中，首先需保证所提取的前几个主成分的累计贡献率达到一个较高的水平，说明变量降维后的绝大部分信息可以由提取的这几个主成分反映出来。

数据分析显示：成分1的解释程度为42.649%，为主要解释因子，成分2的解释程度为17.86%，成分3的解释程度为16.644%，三者累积贡献程度为77.153%，大于75%，具有代表性。因此，本章选择3个主成分，具体见表3-2所列。

表3-2　解释的总方差

成分	初始特征值		
	合计	方差的%	累计的%
1	4.265	42.649	42.649
2	1.786	17.860	60.509
3	1.664	16.644	77.153
4	0.621	6.211	83.364
5	0.537	5.372	88.736
6	0.402	4.019	92.755
7	0.267	2.668	95.423
8	0.256	2.559	97.982
9	0.124	1.242	99.224
10	0.078	0.776	100.000

三、计算主成分载荷与降维

由于前三个主成分累积贡献程度为77.153%，大于75%，满足了分析精度要求。三个主成分的载荷见表3-3所列。

表3-3　主成分载荷矩阵

项目	成分		
	F_1	F_2	F_3
X_1	0.754	0.077	–0.234
X_2	0.764	–0.007	–0.168
X_3	0.827	–0.144	–0.170
X_4	0.786	0.226	–0.123
X_5	0.692	–0.207	–0.128
X_6	–0.200	0.673	0.250
X_7	0.070	0.694	0.100
X_8	0.120	0.077	0.723
X_9	0.247	0.250	0.505
X_{10}	–0.116	0.106	0.678

根据主成分载荷，得到三个主成分计算公式F_1，F_2，F_3，如公式（3.1）、（3.2）、（3.3）所示。

第一主成分F_1函数表达式为

$$F_1=0.754X_1+0.764X_2+0.827X_3+0.786X_4+0.692X_5-0.2X_6+0.07X_7 +0.012X_8+0.247X_9-0.116XX_{10} \quad (3.1)$$

第二主成分F2函数表达式为：

$$F_2=0.777X_1-0.007X_2-0.144X_3+0.226X_4-0.207X_5+0.673X_6+0.694X_7 +0.077X_8+0.25X_9+0.106X_{10} \quad (3.2)$$

第三主成分F3函数表达式为：

$$F_3=-0.234X_1-0.168X_2-0.17X_3-0.123X_4-0.128X_5+0.25X_6+0.1X_7+0.723X_8+0.505X_9+0.678X_{10} \quad (3.3)$$

这样，通过主成分分析将10个指标降维成三个主成分指标。其中：

合作成效、合作模式、合作动力、信任危机与价值观冲突为第一主成分，可以归纳为产学研合作方式及成效指标。

利益分配机制与风险分担机制为第二主成分，可以归纳为产学研合作保障机制指标。

政府资助、政策法规与中介机构为第三主成分，可以归纳为产学研第三方支持体系指标。

具体如表3-4所示。

表3-4 降维后的产学研合作现状满意度指标体系

研究目标	一级指标	二级指标
江苏省医药产业产学研合作现状满意度调查	产学研合作方式及成效	已取得的合作成效
		产学研合作模式
		产学研合作动力
		产学研合作信任
		价值观冲突
	产学研合作保障机制	合作利益分配机制
		风险分担机制
	产学研合作第三方支持体系	政府资助
		政策法规
		产学研科技中介机构

四、计算各项指标满意度均值并排序

通过前文提及的将问卷选项每个等级赋予不同分值。“非常满意”赋值为5；“较满意”赋值为4；“一般”赋值为3；“较不满意”赋值为2；

"非常不满意"赋值为1，可以求出102份问卷各个指标满意度的均值。进一步我们可以得到降维后的一级指标满意度的均值，并进行排序，见表3-4所列。

表3-4　各指标满意度得分表

二级指标	二级指标均值	一级指标	一级指标均值	一级指标排名
利益分配	3.92	产学研合作保障机制	4.03	1
风险分担	4.13			
合作成效	2.98	产学研合作方式及成效	3.3	2
合作模式	3.22			
合作动力	3.63			
信任危机	3.81			
价值观冲突	2.86			
政府资助	2.93	产学研合作第三方支持体系	2.53	3
政策法规	2.52			
中介机构	2.13			

从表3-4可以看出以下几点。

目前对江苏省医药产学研合作的风险分担机制、利益分配机制满意度排名最高，说明进行产学研合作的医药企业与高校对于当前的产学研保障机制较为满意。

其次，在当前产学研合作的模式、动力及成效方面，企业与高校喜忧参半。

而企业和高校对政府资助、政策法规与中介机构方面的满意度排名最低，说明当前政府及中介机构这类第三方组织对江苏省医药产学研合作的支持工作尚不到位。

本章小结

本章旨在了解当前江苏省医药产学研合作的实际现状，基于对医药产学研发展影响因素的研究，选取具有代表性的反映江苏省医药产学研合作现状的问卷调查指标，通过对江苏省进行医药产学研合作的企业与高校进行问卷调研，了解他们对于当前江苏省医药产学研合作现状的满意程度，并通过主成分分析法对于各指标的满意度进行排序，得到以下结论。

（1）江苏省医药产学研合作保障机制运行良好

当前江苏省医药产学研保障机制主要包括产学研合作利益分配机制与风险分担机制。利益分配机制中，企业与高校的利益分配采取自主划分方法，企业与高校通过签订合同的方式确定双方可获得的利益，分配相对自由，因此，满意度较高。高校内部普遍推行了积极鼓励以知识价值为导向的收益分配政策。例如，中国药科大学就明文规定："以技术转让、专利权转让或许可等方式转移转化科技成果的，学校从转让或许可所取得的净收益中提取80%的比例用于奖励团队。剩余部分原则上学校、院部分别按15%、5%的比例进行分配。"对于产学研研发团队来讲，较高的收益分配可以大大提高研发工作的积极性，因此，该项满意度很高。

为了鼓励创新，降低中小微创新企业在产学研中所面临的风险，江苏省设立"苏科贷"等风险分担机制，用于补偿合作金融机构以"苏科贷"形式支持科技型中小微企业在科技成果产业化过程中所发生的贷款损失，支持中小微企业的科技投融资体系走向立体化。此项举措受到了广大医药产学研合作企业的热烈拥护。

（2）江苏省医药产学研合作第三方支持体系仍需落实与完善

法律与政策在加快推进产学研结合的进程中，各自发挥着其独特的作用，是重要的基础性保障。产学研协同创新网络包含社会多个领域，有直接参与知识创造与成果转化的企业、高校与科研机构等创新主体，又包含保障产学研稳健发展的政府科技中介服务机构、金融机构等其他主体。

因此，产学研协同创新的政策法规体系涉及不同部门的法律法规和公共政策，既有公法又有私法，横跨科技类、民事类、经济类相关法规，因此，当前的法律法规需要继续完善。

科技中介机构具有信息渠道广、资本丰富、专业性强等诸多特点，可以促进产学研联盟中企业与高校间的研发交流和技术让渡，使得中介机构成为产学研合作创新的连接器。然而，当前江苏省产学研中介机构存在数量少、资本不足、功能单一等问题，难以在产学研深度融合过程中发挥自己的力量。因此，如何加强中介机构在产学研中的桥梁作用，推进产学研合作的创新、循环驱动，同样也是一个亟须解决的问题。

第四章　江苏省医药产学研主体诉求调研

问卷调研数据显示，29%的受调查者对医药产学研合作前景非常看好，37%的受调查者认为医药产学研合作前景比较好，两者合计占比达到66%，说明当下受调查者对医药产学研合作前景看好。访谈中各访谈对象也明确表示，在当下医药产业科技技术加快升级，市场竞争愈加激烈的情况下，医药产学研合作是提升自身竞争力、互惠互补的有益结合，医药行业产学研合作前景广阔。

在医药行业产学研各主体对合作前景看好背景下，要想采取有力措施促进医药产学研合作的更好发展，必须充分了解医药产学研各合作主体对产学研合作的不同理解和需求，满足其各自的利益诉求。因此，本章对医药产学研各主体进行访谈及问卷调查，以了解各主体的不同利益诉求，探寻建立能够最大限度满足各方利益的产学研合作创新机制。

经检索查阅医药行业产学研合作方面的有关文献，并进行预调研，分别针对企业、高校和科研机构设计了两套调查问卷，就诸如产学研合作主要动力、主要成效、产学研存在的问题、产学研难以深入开展的原因、产学研合作的风险、期望政府加强哪些方面工作、政府如何组织产学研对接活动、如何看待产学研合作前景等相关问题进行调研。并且选择了有代表性的企业、高校科研机构和政府三种不同主体进行了访谈，以求更好地了解产学研各合作主体对产学研合作的理解和诉求。

本章采用了问卷调查与访谈的形式，问卷调查为主，访谈为辅。问卷采用集中发放与随机分散发放相结合的调查方式，保障了调查对象的普及性以及调查结果的可靠性。此外，选取部分问卷对象进行访谈，以对调查的结果做出深度解读。本章企业问卷发放及访谈对象为南京生物医药谷、江苏生命科技园、泰州医药城、连云港新医药产业集群与苏州生物医药产业园的企业产学研负责人员。高校问卷发放及访谈对象为中国药科大学、南京中医药大学、南京医科大学、南京大学以及东南大学的相关教师及科技处工作人员。政府访谈对象为江苏省药监局及江苏省科技厅人员。

针对高校和科研机构共计发放问卷50份，共收到反馈问卷48份。去掉2份不合格问卷，有效问卷46份，有效问卷回收率为92%。

针对企业发放问卷100份，共收到反馈问卷88份。去掉8份不合格问卷，得到有效问卷80份，有效问卷回收率为80%。

第一节　江苏省医药产学研合作动力机制分析

促进产学研相合作的动力主要有市场需求、市场竞争、政策激励、合作成效、人才培养等因素，不同合作主体、不同行业、不同合作方式的产学研合作动力可能会有所不同。

表4-1　江苏省医药企业和高校开展产学研合作主要动力（多选）

动力因素	企业		高校、科研机构	
	数量	比例	数量	比例
发展需要	62	77.5%	41	89.1%
生存压力	39	48.8%	14	30.4%
人才培养	15	18.8%	35	76.1%
政策支持	15	18.8%	9	19.5%
成果转化	25	31.3%	8	17.4%
提高知名度	2	2.5%	5	10.9%
已见成效	22	27.5%	16	34.8%

注：问卷设计中，有些问题为多项选择题，故统计中存在各项之和大于100%的现象。

一、企业产学研合作动力分析

（一）生存与发展是企业产学研合作前两大驱动力

据表4-1所示，企业参与产学研合作的动力主要来自内部的“发展需要”与外部的“生存压力”，两者居企业产学研合作动力前两位，分别占据77.5%和48.8%，说明江苏省医药企业为弥补自身技术能力不足，提高竞争力，会主动寻求与产学研机构合作。

（二）成果转化是企业产业研合作第三大驱动力

31.3%的企业选择“成果转化”。现阶段相比于技术研发，医药企业更重视科技成果的转化。相对于企业来说，高校和科研机构的科研人才和资源都更强，很多科技成果都出自这些机构，因此，医药企业需要密切关注医药科研领域的科研活动和创新成果，及时吸收满足市场需求的新成果，并努力进行成功转化，提升企业竞争力。

（三）已见成效亦是企业产学研合作的重要驱动力

“合作已见成效”也是产学研继续合作的重要动力，有30%左右的企业和高校均表示在取得相关成效之后，他们会更加愿意去开展产学研合作。

目前，江苏省医药产学研合作取得了较大的成效，整体进展顺利，成果显著。最主要的成效是已产生可观的经济效益，占比为56%。另外，企业与高校建立了密切的联系，引进和培养了所需的人才，具体数据如表4-2所示。

在访谈过程中某公司董事长表示：“近几年持续的高强度投入研发，主要依靠中国药科大学药学院作为我们的技术支撑体系，每年拿出销售额的20%，每年要投资1000万～2000万元的费用研发，通过与中国药科大学、南京中医药大学等高校合作，目前拥有发明专利22项、一类新药证书2个、新药批文10个以上。十多年的产学研合作让该公司走出了一条长远的创新之路。”这也说明合作已见成效是江苏省医药产业产学研合作的重要动力。

表4-2　江苏省医药产业产学研合作主要成效（多选）

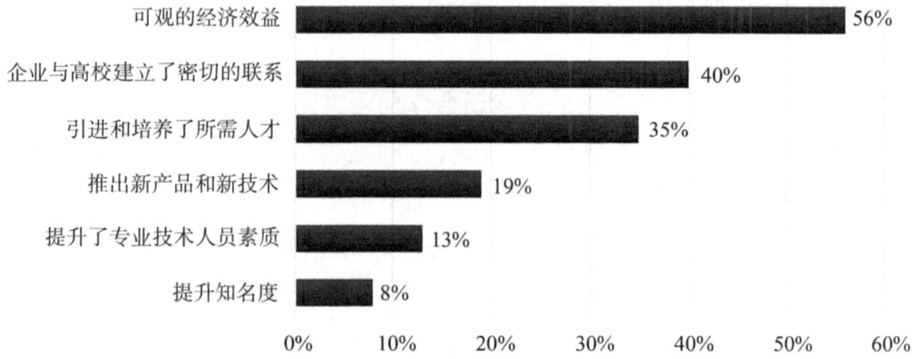

二、高校产学研合作动力分析

（一）发展需要是高校产学研合作的第一动力

据表4-1所示，“发展需要”是高校产学研合作的第一动力，说明与医药产业界的密切合作非常利于高校的自身发展。对于很多学校来说，国家专项资金无法满足深入研究的需求，高校也难以配齐研究所需的研发设备和拥有研究所需的研究场所。出于发展需要，高校科研人员通过产学研合作，能够获得额外的资金补助，帮助其更好地开展科学研究工作，提高学校的研究开发能力，也便于将科研项目产业化。此外，由于目前教育市场需求比较旺盛，高校“生存压力”相对较小。

（二）人才培养是高校产学研合作的第二动力

“人才培养”是高校参与产学研合作的重要动力。产学研合作能够帮助高校更加了解企业和社会对人才的诉求，从而更加科学地进行课程设置和人才培养。产学研合作有利于启发高校学生和研究人员将所学所想致力于所用，通过有针对性的教学和思考，提升高校人员的学术思维和学术研究能力。

（三）已见成效是高校产学研合作的第三动力

34.7%的高校受调查者表示，在取得合作成效后，他们会更有动力参加产学研合作。调研数据显示，高校方面认为，取得的主要成效是提高了经济效益，其次是培养了所需要的人才，提高了学校的知名度，有利于学校自身发展。访谈了解到，高校与企业合作满意度越高，取得成效越大，继续合作的动力越强。

三、政策支持的激励作用不大

此外，政策支持对高校和企业都是合作的动力因素之一，但占比均不大，说明政策激励对企业产学研合作影响不大，这符合企业、高校和科研院所之间长期合作的总趋势。因为，产学研合作是以市场需求为导向，政府政策对产学研合作的激励作用仅仅是辅助的、外生的、资助性质的。但这并不意味着政府不需要在产学研合作中发挥作用，也不意味着政府不能发挥什么作用。许多企业受访者表示不清楚政府相关激励措施，也有人表示有些措施落地不到位，但是受访者都表示希望政府推出更多的激励政策，这说明江苏省政府在产学研合作中没有充分发挥其应有的激励作用。

第二节　江苏省医药产学研合作阻碍因素分析

产学研合作的障碍不仅有来自合作各主体的，还有来自合作方式本身的。下文主要分析企业和高校产学研合作过程中遇到的障碍，以及放弃进行产学研深入合作的原因。

表4-2　江苏省医药企业和高校开展产学研合作主要障碍（多选）

障碍因素	企业		高校、科研机构	
	数量	比例	数量	比例
障碍因素	企业		高校、科研机构	
	数量	比例	数量	比例
成果难以实现产业化	59	73.8%	8	17.4%
成果市场价值不高	16	20.0%	4	8.7%
利益分配不均	13	16.3%	25	54.3%

续表

障碍因素	企业		高校、科研机构	
	数量	比例	数量	比例
缺乏相应的资金、设备、人才	44	55.0%	17	37.0%
知识产权存在争议	36	45.0%	10	21.7%
难以找到合适的合作对象	15	18.8%	33	71.7%
合作对象缺乏诚信	8	10.0%	4	8.7%
合作对象研发能力不足	3	3.8%	5	10.9%
研发成果不达标	2	2.5%	0	0.0%

一、企业方面产学研合作障碍分析

（一）成果难以实现产业化是企业产学研合作最大障碍

从表4-2可以看出，医药企业遇到的最主要问题是成果难以实现产业化，占比为73.8%，导致成果难以实现产业化的原因有高校和企业两方面的原因。从高校来看，高校通常更加重视注重纵向课题和学术论文，高校做出的一系列成果，仅仅“纸上谈兵”，停留于学术层面，大多注重理论研究，较少考虑后期成果转化时所需要的生产条件及成本，导致企业很难大规模生产，很难商业化形成生产力，进而获得大规模经济效益，因此，企业认为“成果市场价值不高”的占比会比高校该问题比例高。但从企业自身来说，除了市场因素导致产学研成果转化难度外，企业的“二次创新”能力不足也是重要的阻碍因素。调研中，受访的高校老师也指出了这个问题，认为企业研发能力不足阻碍了产学研的合作。

（二）少钱、少人、少设备是企业产学研合作第二大障碍

“缺少相应的资金、设备、人才”是许多中小医药企业开展产学研合作遇到的第二大阻碍。对于医药企业来说，产学研合作项目往往需要数百万元的资金投入。一些中小企业债务缠身，无法投入原计划的研究经费，影响了研发项目的进展，承担着巨大的资金风险和压力。由于缺乏对产学研合作的金融投资制度支持，许多企业因资金投入不足而无法进行许

多创新项目或不得不暂停产学研合作。资金缺乏导致很多企业只对投资少、周期短、收益快、风险低的小项目感兴趣，不愿投资于长远的研发目标。很多企业宁愿守着一个品种逐渐扩大生产，低水平重复开发仿制品种，也不愿冒险对新品种开发进行投资。此外，对中小药企来说，自身科研能力较弱，缺乏对创新知识的学习和吸收能力，也导致它们缺乏与学研机构合作的积极性，进一步限制了它们的发展。

（三）江苏省高校科研实力基本满足企业产学研需求

我们可以看到，在企业方面，“合作对象研发能力不足”“研发成果不达标”两个问题占比都非常低，这说明当前江苏省高校科研实力雄厚，能够满足企业需求，只要双方达成合作之后，都能达到合作目的，产生良好的经济效益。中国药科大学的李运曼教授谈到，他们与正大天晴有多次合作，每次都圆满解决企业问题，科研成果得到企业的高度认同，从未出现过科研成果不达标的情况。这说明江苏省应该加强促进产学研合作双方信息沟通，架起双方合作的桥梁。

二、高校方面产学研合作障碍分析

（一）难以找到合适的合作对象是高校产学研合作的最大障碍

有71.7%的高校教师反映“难以找到合适的合作对象”。在访谈中了解到，大部分教师是很乐意与企业合作的，这可以弥补他们纵向科研经费不足的问题，有利于他们的科学研究和人才培养。但是大部分教师难以找到与自身研究方向匹配的企业合作，许多成果在论文发表后，都没有后续发展，只有一小部分成果最终实现了产业化。

（二）利益分配不均问题是高校产学研合作第二大障碍

在产学研合作的过程中，利益分配和产权归属是产学研双方合作的关键问题，对合作关系的持续稳定发展起决定作用。尽管有部分企业（16.3%）认为高校要求的研发资金过高，各方利益分配不合理。但是，相比企业，更多高校人员（54.3%）认为利益分配不合理。访谈了解到，现在高校教师都很乐意跟企业进行科研合作，但是，在当前的产学研合作中，企业一般是出资的一方，掌握着合作过程中的主动权，因此，企业可能会利用自己的优势，在合作中采用恐吓等策略，损害高校的利益，使得高校的合理权益得不到保证。利益分配不均会打击高校参与产学研合作的积极性。

（三）资金、人员和设备不足是高校产学研合作第三大障碍

与企业一样，“缺少相应的资金、设备、人才”也是高校产学研合作遇到的重要问题。访谈中某大学科技处人员反映，当前负责产学研合作工作的人手不足，人员素质不高，大多数缺乏专业知识，工作内容偏行政，掌握药学、管理和营销知识的复合型人才较为缺乏，缺乏成果评价与鉴定专家团队。在与大学教师的访谈过程中，有教师提出，学校应该组建药化、药理、药分、临床以及注册审批等专家团队，对科研成果进行全方位的综合评估。然后希望学校方面积极联系企业，将转化可能性高的科研成果转让出去，开展产学研合作。

三、知识产权方面合作障碍分析

45.0%的企业和21.7%的高校认为“知识产权存在争议”是产学研合作的一大障碍。在产学研合作中，一方面，虽然签署了合作协议，但是对双方的义务规定不明确，对知识产权归属等问题的表述含糊不清，导致双方未来合作会发生矛盾和纠纷；另一方面，相关法律法规的缺失，合作各方对相关法律法规缺乏深入的了解，一旦发生冲突和利益纠纷，双方都会首先保护自身利益，而不会准确客观把握法律的具体规定。由此可见，由于高校与企业各自追求利益的不同，知识产权归属纠纷以及由此产生的知识产权权益分配问题都将成为产学研合作的主要障碍。

第三节　江苏省医药产学研合作主体需求分析

一、产学研合作主体对合作伙伴的需求

调研数据显示，选择产学研合作伙伴考虑最多的因素是研发团队的技术研发能力，占比37%。其次是院校或者企业的知名度，占比20%。两者占比合计为57%。双方在选择产学研合作伙伴时，主要遵循创造贡献的能力、风险最小化、有利合作的环境和合作双方目标一性致的准则，均希望能找到合适的合作伙伴。通过访谈了解到：企业偏向于花费少、科研能力强、知名度高的研究团队，并希望最终成果容易实现产业化，获得较大的经济利益。对高校来说，他们考虑最多的是资金和企业知名度，高校偏爱与研发资金投入大、知名度较高的企业合作，并希望学生能够获得足够多的机会到企业实习、产学研合作成果能具有学术影响力、容易出论文、容易获奖等，对职称晋升有较大作用。相对于企业而言，高校考虑经济效益的因素较少。

此外，有访谈对象提到他们会十分看重对方的诚信度，不诚信的合作伙伴可能会带来合作风险，不利于产学研深入合作。问卷数据也佐证了这一点，有22%的企业和高校认为开展产学研的风险最主要来自于合作风险。

另外，也有15%的企业和高校认为，信用风险较大是产学研难以深入开展的最主要原因，此处信用风险主要指的是合作中存在道德风险。例如在合作过程中，企业掌握了研发方的关键技术后终止合作，独立进行技术开发工作，获取超额利润。或者，研发方的研究人员面临着发论文、评职称等压力，科研人员未经企业同意，提前把研发的先进技术或核心理念作为自己的创新点发表在论文中等。

二、产学研合作主体对政府工作方面的需求

产学研各主体希望政府在产学研合作中发挥引联作用、保障作用和助推作用。具体调研结果见图4-3。

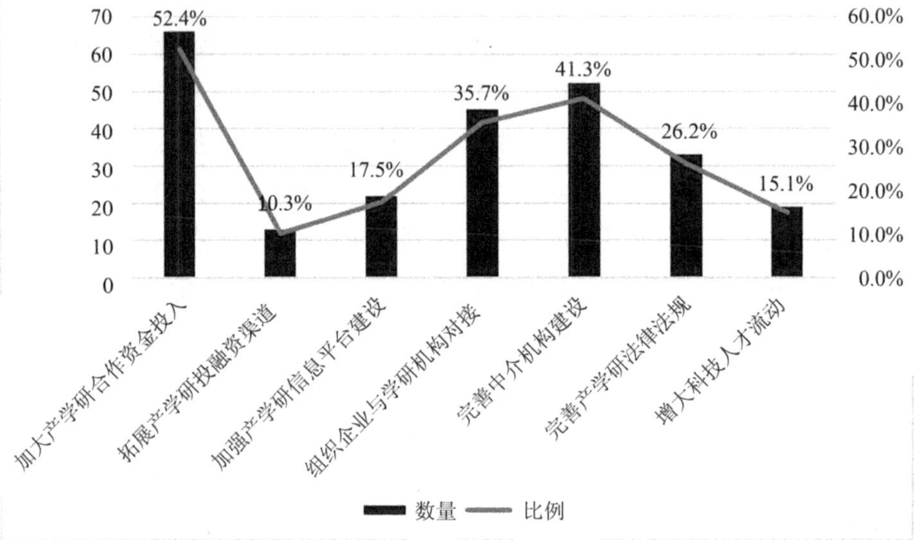

图4-3　产学研主体最想要政府加强哪些方面的工作（多选）

（一）最希望政府发挥助推作用

22%的受调查者表示财务风险是开展产学研合作的主要风险，医药产业的技术开发工作要求创新，需要大量的资金支撑技术的研发、技术的市场化等。医药产业财务风险的原因主要有：第一，医药产业是创新型产业，需要大量的资金支撑；第二，医药产业的投资要经历较长的时间才能获得收益。医药行业的高风险导致融资比较困难，所以，许多受调查者认为政府应该加大医药产学研合作资金投入，拓宽医药企业产学研合作的融资渠道。

1. 52.4%的受调查者最希望政府加大产学研合作资金投入

在访谈过程中，访谈者谈到，当前江苏省地方政府在产学研合作的资金筹集方面所做的工作存在不足，其提供的产学研专项资金有限，很少主

动通过中介机构等渠道为产学研合作项目筹集资金，也很少通过风险投资等融资渠道帮助产学研项目融资。

产学研合作离不开资金、技术、信息、人才等资源的整合和优化配置，其中，资金是产学研合作的关键，缺乏资金会严重阻碍产学研合作进展，当前政府专项科研资金无法满足高校科研需求，科研设备及资源也有所不足，企业也缺乏研发专项资金。此种背景下，部分访谈者希望政府能充分发挥自身职能，加大对产学研的资金投入，并提出以下建议。

（1）当前政府投入到科研前期以及后期的技术改造和生产上的资金较多，希望政府加大对科技成果转化中间环节的资金投入，加快成果转化速度。

（2）设立政府奖励基金，对成果显著的项目和有突出贡献的人员，给予直接奖励，进而提高各方开展产学研合作的积极性。

（3）设置中小企业产学研合作专项基金。

2. 10.3%的受调查者希望政府拓展产学研投融资渠道

部分受访者希望政府积极拓展产学研合作投融资渠道，鼓励金融机构出台针对产学研科技创新的金融产品，降低融资难度，使得产学研各方可以筹集更多资金。政府也可以通过制定科技计划、设立基金等形式，对符合条件的产学研项目进行资助或者补贴，帮助企业分担风险。

（二）希望政府发挥引联作用

1. 17.5%的受调查者希望政府加强产学研信息平台建设

部分受调查者希望产学研信息平台建设更加完善。的确，高校的优势在于拥有较强的创新能力，取得高质量创新成果后，对市场缺乏了解，直接进行成果转化的难度较大，而且高校老师一般承担教学和科研双重任务，没有太多时间和精力去精挑细选合适的合作伙伴。企业方面的优势在于熟悉市场需求，但是自身研发能力有限，急需高水平的合作伙伴。可见，完善的产学研信息沟通平台非常有必要。政府应该加强信息沟通平台的建设，更加高效地促成产学研合作，推动整个医药产业创新水平的提高。

2. 35.7%的受调查者希望政府组织企业与产学研机构对接

针对学研机构和企业间存在信息不对称的情况，政府促成产学研合作最有效的方式之一就是组织对接活动。关于政府产学研对接活动的具体形式，31%的受访者希望政府带领企业走访学研机构，其占比最大。这说明产学研合作中，企业应该作为主体。企业了解市场需求，知道市场需要何种技术，企业走访学研机构若能获得与企业需求匹配的一手科研成果信息，并能实地考察科研团队，会更容易达成产学研合作。此外，29%的受访者希望政府举办洽谈会，23%的受访者希望政府邀请高校专家深入企业，17%的受访者希望政府举行成果发布会等形式。

3. 41.3%的受调查者希望政府完善中介机构建设

在访谈过程中了解到，许多企业和高校认为在寻求合作伙伴以及合作过程中会花费大量精力及金钱，想要将该工作外包给第三方，但当前我国中介服务机构多且杂，信息掌握不全，且收费较高，业务能力不行，极大地打击了各方开展产学研合作的积极性。希望我国政府可以借鉴美国、日本等发达国家经验，积极培育一批知名度高、服务到位、收费合理的科技中介服务机构。

（三）希望政府发挥保障作用

1. 26.2%的受调查者希望政府完善产学研合作法律法规

一是完善促进产学研合作的具体措施条例。目前，江苏省已经出台了一些与产学研相关的政策，但是缺乏具体的配套措施，比如在资金保障、税收优惠、利益分配、人员激励、合作纠纷、监督管理等方面。 通过调研也发现，高校内也普遍缺乏专门针对产学研合作人员的激励政策。

二是完善产学研合作知识产权立法。产权归属、作价高低等都属于知识产权争议，会引发前文提到的合作风险，不利于产学研各方的深入融合。

2. 15.1%的受调查者希望政府鼓励科技人才流动

产学研各主体间的人员流动有助于深入了解彼此需求，促进深度合作。但是由于高校、科研院所和企业的人事制度、分配制度和保障体制不同，人员流动性较差。从目前的调研情况看，高校更加吸引人才，很少的教师愿意主动放弃教师的职位流动到企业，调查中部分教师希望政府能够对当前的人事制度进行改革。

本章小结

当下医药产业科技技术加快升级，市场竞争愈加激烈的情况下，医药产学研合作是提升自身竞争力、互惠互补的有益结合，目前江苏省医药产业产学研合作取得较大成效，各方也很看好未来的合作前景。但是通过调研我们不难发现，产学研各方在追求技术创新这一共同目标的同时，在合作动力以及合作障碍等方面表现出了较大的差异性。

产学研各方合作动力不同，企业在发展需要和生存压力下，存在较强的产学研合作的动力。高校的主要动力来自发展需要和培养人才。产学研合作的已见成效会激励产学研各主体继续合作。

产学研各方合作障碍亦会存在差异，影响企业产学研合作的障碍主要有：缺乏“二次创新”能力，高校教师科研成果不注重生产成本导致的成果难以产业化，缺乏产学研合作所需的资金、人才以及设备，知识产权归属等问题。影响高校产学研合作的障碍主要有：合适的合作伙伴不容易寻找，利益分配不均，缺乏设备及人才。

促进产学研深度融合，必须增强合作的激励力（激励力指克服困难后的剩余力量），因此，促进产学研相结合要从降低阻力和增加动力两个方面入手。

对于企业来说，选择产学研合作伙伴时最看重的是高校的科研实力，调查显示，江苏省高校的科研实力是能够达到企业的需方要求的，且高校与企业的合作意愿强烈，企业最需要做的是及时发现技术需求，提高技术“二次创新”能力，努力使成果实现产业化，产生可观的经济效益。对于高校来说，看重的企业的资金能力、诚信情况以及提供给学生的实习机会。调查得出目前江苏省医药企业研发资金投入较大，非常乐意与高校合作，高校最需要做的是加强自身技术转让与技术合作信息平台建设，完善产学研合作渠道。

企业和高校对政府工作有很多期许，调研分析得出，政府应该通过加大产学研专项资金投入来激发合作动力，通过以下方面减少合作阻力。

一、通过加强中介机构建设，组织企业与产学研机构对接，加强产学研平台信息建设，发挥政府引联作用，减少产学研寻找合作伙伴方面的障碍。

二、通过加大产学研合作专项资金投入，扩大投融资渠道，解决资金困难。

三、通过完善产学研合作法律法规。鼓励人才流动，提高人才参与积极性；解决知识产权方面存在的争议。

第五章　国外产学研合作的经验借鉴

产学研合作已经成为世界各国促进高新技术发展和培养应用型创新型人才的重要途径，是推动各国经济和社会发展的重要力量。世界各国的产学研合作体系各具特色，虽然社会制度不同，各国国情也不相同，但是国外的产学研合作还是有许多值得借鉴的地方，这对于推动江苏省医药产学研合作的持续健康发展有着重要的作用。

第一节　美国产学研合作经验借鉴

一、美国产学研合作发展历程

现代意义的高校产学研合作可以追溯到20世纪50年代斯坦福大学工业园的建立。1946年，美国宾夕法尼亚大学诞生了世界上第一台电子计算机，为产学研发展提供动力。1969年，加州大学、犹他大学和斯坦福研究院开始使用互联网技术。高等学校的科研成果孕育出了许多企业，如斯坦福大学的研发成果促成了惠普、雅虎、谷歌等企业的诞生。由麻省理工学院的科研成果转化诞生的企业每年大约有150家，光是该校的直接研究成果就产生了其中至少约10%的企业。其他大学，如佐治亚技术学院、华盛顿大学、卡内基梅隆大学和威斯康星大学在产学研合作方面也做出了卓越贡献，促进了当地经济的多元化发展。2000年以后，美国已有大约2/3以上的高校专门设立了大型研究机构和科研中心，它们在美国的产学研合作中贡献着自己的力量，已成为美国产学研合作模式中的中坚力量以及为科技创新注入了新的活力。

二、美国产学研合作模式

（一）科技工业园模式

1. 科技工业园模式简介

20世纪50年代，随着高新技术的兴起和发展，美国科技与经济迎来了又一轮的发展契机，美国政府和工商业也开始把目光聚集在研究性大学，在大学附近设立实验室进行高新技术的研究和开发。从那时起，高新技术密集开发区开始出现在大学附近，被人们称为“工业园区”或“研究园区”，统称“科技工业园区”。

2. 科技工业园模式分类

从美国科技工业园区的兴建方式看，大致可分为三种类型。

第一，由大学牵头组建。如对硅谷崛起做出突出贡献的斯坦福研究园就是在特曼教授的倡议下，斯坦福大学于1951年兴建的。

第二，由企业牵头组建。如波士顿128号公路高技术园区是由20世纪50年代出现在波士顿128号公路两侧分布的许多企业和研究机构组成的高新技术发展园区。

第三，由州政府主持牵头组建。20世纪60年代，北卡罗来纳州政府、杜克大学和北卡罗来纳州立大学共同组建了三角研究园，园区的建立离不开当地政府对高新技术发展的兴趣。

3. 科技工业园模式产学研合作案例

1951年，斯坦福大学创建了美国最早的科技工业园——斯坦福研究园，其通过高新技术企业和科研力量雄厚的大学进行联合，充分发挥各自的优势，促进最新科技成果快速产业化。研究园的建立不仅提高了斯坦福大学的科研经费收入，而且它的快速发展也带动了整个地区经济的繁荣，促进了整个美国西海岸高新技术的快速发展，并奠定了硅谷作为“全球最大的电子工业基地”奇迹般崛起的基础。更重要的是，依托斯坦福研究园发展起来的硅谷，它作为第一个科技工业园，为美国乃至世界的科技工业园区发展树立了榜样。

（二）企业孵化器模式

1. 企业孵化器模式的定义

美国企业孵化器协会对企业孵化器的定义为，通过向新企业提供灵活便利且便宜的场所，提供支持性服务，提供相应管理、技术、融资援助的信息，提供与其他企业家和专家进行交流的机会，从而促进企业的成长和发展。

2. 企业孵化器模式分类

美国企业孵化器可分为四种类型。

第一类是由非营利组织或地方政府牵头组织的企业孵化器，是占孵化器总数51%的企业形成模式。

第二类是由非营利组织以公益事业为目的，参与经营的企业孵化器。是占孵化器总数18%的企业形成模式。

第三类是由私营企业牵头组织的企业孵化器。这类孵化器的出现离不开种子基金投资公司或风险投资公司的参与，也有房地产经营者和大企业联合成立的，是占孵化器总数22%的企业形成模式。

第四类是公私合营的孵化器。由私人、非营利机构和政府联合兴办，是占孵化器总数9%的企业形成模式。

3. 企业孵化器模式的作用

（1）扶持新建小企业：为新建小企业提供场地，解决资金问题，协助其开发市场，促进和鼓励其兴办小企业；（2）为客户公司提供技术支持：提供后勤服务、员工培训服务、管理咨询服务、会计法律事务等专业服务，协助其制定经营规划，解决科研设备问题；（3）发现经营管理人才。

（三）专利许可和技术转让模式

科研院所和大学作为技术专利的拥有者，可以通过向企业发放专利许可的方式实现产学研合作，也可以通过技术转让模式进行合作。

1.发放专利许可

1980年，美国公布的《专利商标法修订案》对政府出资赞助的科研项目关于专利权这一问题做出了新的规定。

一是大学和小企业的科研项目所产生的一切发明创造成果，在受到政府资助的情况下原先归政府所有，修正案将其改为归合同承包企业或津贴接受人所有。

二是大学、小企业和非营利机构对于政府资助研究项目所产生的科研成果有选择和保留发明的权利。

三是在处理专利权问题时，津贴项目和合同项目在修正案中具有相同的法律地位。

1982年，美国国会通过了里根总统签署的《小企业发展法》，法案规定：高新技术创新的小企业能得到政府提供经费援助的同时也能享有所有科研成果的专利权。

这些专利授予方面的新规定有利于提高科研院所和高校开展科研项目的积极性，解决了创新型小企业的后顾之忧，推动了小企业的发展，为进一步的产学研合作铺平了道路，促进经济的成长。

2.进行技术转让

美国政府为了提高科研成果转化比例，加快大学、国家实验室和私人研究机构的科研成果产业化的速度，构建了全国性技术转让信息网络，主动将联邦政府下属科研机构的科研成果加入网络，积极推动科研成果向商业化转化。

1986年，里根总统签署颁布了《联邦技术转让法》，法案要求培养和提高技术人员对科研成果技术进行积极转让活动的认识，为成员的技术转让业务提供专业高效的咨询和援助服务，搭建信息交流平台，促成成员之间的技术转让业务，交流合作成功案例，为技术转让提供法制保证，这无疑形成了适合技术转让业务开展的良好环境。

为了进一步加强政府机构向民间企业开展技术转让业务的力度，美国联邦政府又推出了一系列举措，搭建了政府和企业之间进行信息交流、技术转让的渠道，使学界、商界和政界都能够了解美国政府进行的部分科研活动，为和政府部门进行技术转让合作打下基础。

（四）高技术企业发展模式

高技术企业的前身通常与大学和科研院的知识剥离密切相关，国外的实践证明，知识的剥离是实现科研技术研究成果产业化的又一重大渠道，而对于高新技术企业，其数量既是衡量知识流动的重要指标，其存在也是进行产学研合作发展的一种结果。

高技术企业的建立和发展可以通过不同的途径，概括起来有如下四种。

一是风险创业型。研究成果的发明者借助风险投资创办高新技术企业，进行高新技术产品的开发、生产、营销、服务等，这也是世界上大多数高新技术企业形成的路径。在这一过程中，除了带来科研成果向产品的转化，即科研成果商业化，还带来了研究者身份的变化，即从员工（为大学或是科研院所工作）变为企业家。

二是产学研合作型。即大学、科研院所、企业多方合作，利用大学和科研院所的技术优势、企业的资本优势共同成立起一个利益共享、风险共担的高科技营利组织。合作主体既可以是企业，也可以是高校和科研院所。

三是技术植入型。大学、科研机构通过技术转让的模式将技术或科研成果有偿地提供给企业。

四是外力嫁接型。企业利用原始资源优势的基础上引进资本或高新技术，通过高新技术与企业的对接形成高新技术企业，其不仅具有技术含量高的特点，还具有一定抗击风险的能力。

三、拜杜法案

（一）拜杜法案简介

由国会参议员Birch Bayh和Robert Dole提出的《大学和小企业专利程序法案》在1980年美国国会通过并颁布，并在1984年又进行了修改，后被纳入《美国法典》第35编（专利法）第18章，标题为“联邦资助所完成发明的专利权”，其简称为《拜杜法案》。后来英国《经济学家》杂志评价其为“美国国会在过去半个世纪中通过的最具鼓舞力的法案”，开创了美国风险投资和技术产业进行交流合作的新纪元。

在《拜杜法案》制定之前，政府拥有其资助项目的专利权，再加上复杂的审评程序，尽管持有将近28000项专利，但最后实现商业化的项目所占的比例只有5%。法案颁布实施后，生物技术工业组织（Biotechnology Innovation Organization，简称BIO）调查显示，美国高校专利数量有着9到10倍的增长，产学研合作项目为国家经济贡献了1 870亿美元，为国民生产总值（Gross National Product，简称GNP）贡献了4 570亿美元。

（二）拜杜法案主要内容

1.适用范围

该法适用于政府所资助的所有科研活动产生的发明成果。这里的“发明成果”包括所有可以申请专利或受其他知识产权法保护的成果。适用范围包括小企业、非营利组织和政府机构，而小企业、非营利性组织统称为合同方或受资助单位。

2.受政府资助单位的权利和义务

及时披露研发成果的义务，选择是否保留发明所有权的权利，选择保留权利的单位负有申请专利的义务，选择保留权利的单位负有声明受到资助的义务，报告项目实施情况的义务，优先发展美国产业的权利义务，以及将收益分配给发明人和用于科研、教育的义务等。

3.政府权利

合同方或受资助的单位若未选择保留发明的所有权，政府享有发明的所有权、在全世界为了美国利益实施发明的权利以及介入权。介入权是指在某些情况下，联邦政府有权将实施发明的许可直接授予或要求保留发明所有权的合同方或受资助单位授予第三方。

（三）拜杜法案的现实影响

该法案将政府资助项目的专利转为研发者所有，一方面促进科研院所积极参与政府资助的科研项目；另一方面通过合理制度的推进，也为政府、科研院所、产业三方进行产学研活动提供了长效动力，切实有效的激励政策的实施也加快了产业技术成果商业化的步伐，使得美国在全球竞争中能够继续维持其技术优势，推动产业经济繁荣。

但是，尽管大学申请和授予专利的数量有明显增长，高昂的专利转让费用却成为大学科研成果转化的负担。而且，大学和科研院所作为专利的持有者自然想实现其最大化的商业价值，这也势必会损害社会公众的利益，如何平衡各方权益也是现在亟待解决的问题。

四、美国产学研合作启示

（一）转变高校办学观念，积极参与产学研合作

美国高校将推行产学研合作作为办学使命，从观念上重视产学研合作，从行动上推动产学研合作，这也是美国产学研合作创新成功的关键。我国高校应明确产学研合作目标，科学制订产学研合作计划。重视产学研合作教育，转变教育理念，从过去单一封闭的教育模式变为因材施教。对人才的教育也应考虑到经济社会发展和企业需求，注重对人才的针对性培养。强化科技成果转化意识，明确目标、把握定位，充分地利用企业的资本优势和高校的技术优势，积极与企业建立长效稳定的科技合作，推动产学研合作创新，坚定不移地走双方互惠互利的创新发展之路。

（二）高校应增强科学研究和科技创新的实力

高校雄厚的科研实力是开展产学研合作创新的基础。美国高校是产学研合作创新的主角，也是推动科技创新的主力军。我国高校科技水平较美国低，创新能力也较为薄弱，这也导致了我国产学研合作的创新效果不如美国显著。我国高校除了提高创新意识，提升自身的科研能力外，还应积极参与技术交流。除了进行学界内部交流与国际间技术交流，还应进行企业与高校的信息交流。企业直接接触市场，明确市场需求，为高校科技发展提供方向，企业自身的技术支持也能为高校提高科研实力提供帮助。同时，高校应更注重基础教育，为产学研发展提供人才储备，为高校自身的科技发展提供长效动力。

（三）高度重视协同创新中心的建设

依托技术进行产学研合作中心的建设，是美国学界和工商界成功进行产学研合作的关键，这也给我国产学研道路的发展给予了启示。

第一，我国高校可以面向社会发展过程中出现的重点难题，依托大学

雄厚的科研水平和创新能力积极与企业和政府部门进行合作，设立科研创新中心，以突破社会发展瓶颈。

第二，也可以充分发挥大学自身的学科优势进行多学科、多团队、多技术的科学研究，并与学科相关企业进行长期高效的合作，搭建创新协同发展平台，积极促进科研成果技术转移、科研发明商业化，推动产业结构升级或是解决产业经济发展的核心问题。

第三，大学还可以根据区位发展的需求，利用区位优势，与地方重点企业进行科技创新合作，共建联合研究院，推动高校服务升级，让高校的成果转化的成效向社会辐射，推动区域经济发展、区域产业结构调整。

（四）积极探索参与产学研合作的新模式

自20世纪90年代我国产学研合作模式的出现，高新技术企业孵化器、科技园区等几种美国高校产学研合作模式在我国已经屡见不鲜，但是，尽管我国的产学研合作开展得较为广泛，但是，与美国相比还有很大不足，因此，我国应该利用自身优势走上产学研合作特色化的道路。

政府部门应对以高新技术为基础的创新型企业给予政策保障扶持，为科研成果转化提供便利和保证。

大学及科研院所应立足地方，利用学科优势和区位优势走上特色化科技创新发展道路，积极寻求与企业进行产学研合作，为创新企业提供人才、技术支持，促进产业合作良性发展。大学及科研院所可以借鉴加州大学系统的模式，互相之间多进行人才、技术、信息交流，组建以大学联盟为载体的合作组织，整合学科优势，进行教育资源、人才资源、技术资源共享合作的大学联盟，根据自身特点及优势共同与企业进行产学研合作。

第二节　日本产学研合作经验借鉴

一、日本产学研合作发展历程

二战之前，日本处于产学研合作的探索期，合作主体主要是产业界和大学、科研院所，合作方式较简单，如共同研究、技术咨询等。此时的产学研合作大多深度不足，且存在利益分配不均，合同制定不标准等问题。

二战后至20世纪90年代，产学研合作处于政府主导下的起步发展阶段，初步形成了官产学合作机制。一般来说，大学负责理论基础研究，政府研究机构负责应用研究，而企业的研发机构大多关注技术转化和批量生产，这一分工格局促进了日本企业的技术创新发展，推动了日本经济的复苏。合作项目大多由政府主导，集中在国家重点发展的产业领域。此阶段的合作中，由于企业具有很强的独立自主性，大企业研发能力较强，在合作中占据主导地位，而小企业又难以寻找到合适的合作伙伴，所以企业参与合作的积极性不是特别高。

20世纪80年代后期，日本泡沫经济开始破灭，随着全球经济逐渐步入以全球化、信息化、网络化为特征的知识经济时代，日本政府意识到大学与产业的相互作用所产生的乘数效应是提高各自潜能的过程，这一过程可能会引发人力资源素质的提高、创新能力的跃进和经济效率的改善等一系列宏观效果。于是，日本政府将产学研合作作为一项发展经济的重要举措，一方面，继续强化共同研究、委托研究、研究人员互派、奖学金制度等传统的产学合作途径；另一方面，围绕着大学技术转移制定了一系列深化产学研合作的法律措施。在相关法律措施的促进下，日本产学研合作规模更大、合作方式更加多样，且形成了更加规范、稳定的合作规则，进入了一个全新的发展阶段。

二、日本产学研合作特征

（一）政府颁布各项法律，为产学研合作提供保障

1996年7月日本政府制定的《科学技术基本计划》中把产学研合作视为一项基本国策，1998年颁布并依据《大学等技术相关成果向民间企业的转移法》设立了技术转移中介机构TLO（Technology Licensing Organization，简称TLO），这一中介机构主要负责大学等科研成果专利权的获得和保护，以及如何尽快将这些研究成果产业化。1999年通过的《中小企业技术

创新制度》鼓励了日本中小企业的创新，1999年制定的《产业活力再生特别措施法》提高了企业和大学从事技术转移的积极性。此外，2003年10月开始实行的《国立大学法人化法》，首次从法律上改变了国立大学的设置形态，打破了许多对大学的技术转移的限制，基本形成了大学知识产权基本上归属大学统一管理、通过技术中介组织TLO进行转移的法人化资产运营模式。

（二）以企业为主体，构建产学研合作创新体系

日本的产学研合作以企业为主体，主要是体现在以下两个方面：一方面是日本国家科技计划中的重大产业化项目主要采用产学研合作方式，而产学研合作项目主要从企业的发展需求出发，政府鼓励企业与科研机构和大学联合申请国家重大科研项目，同时鼓励中小企业参与国家科技计划项目。另一方面是日本的产学研合作经费来源中，除了政府的财政支持，绝大多数是来自企业，此外，企业大多关注技术转化和批量生产，能将科研成果转化成经济利益，是经济活动的主体，推动日本经济发展。

（三）创办中介机构，促进科技成果产业化

日本的中介服务机构非常发达，是推动产学研深度合作的关键一环。在技术推广、科技评估、信息交流、人才培训、成果孵化、优化企业管理、降低融资成本等方面发挥了重要的服务和支撑作用。日本的中介机构主要包括以下三类：一类是政府认定的事业法人机构，这类机构大多被政府认定为法人，承担政府委托的政府拨款发放、各类资格考试认证等事务，主要的服务对象是中小企业；一类是民间的科技中介机构，主要包括民间私人独资的咨询公司和以高校、科研单位等机构为依托的民间机构两种形式，主要为各个行业和领域提供发展报告、前沿信息和发展预测咨询等多层次的科技中介服务；还有一类是以大型财团、金融机构为支撑的金融系统的大型咨询机构，它们一般是为政府、大型集团等提供战略决策、技术研发、工程项目和人事管理等咨询服务。

三、日本科技中介机构的营建分析及启示——以关西TLO为例

日本的中介服务机构是产学研合作发展的重要力量，有许多旨在加速科技成果转化、打造企业核心竞争力的科技中介机构是日本产学研合作的特点，本章以日本卓有成效的民间科技中介机构——关西技术转移机构（关西TLO）为例，从发展沿革、运营机制、用人机制、业务情况等方面对日本科技中介机构的运行机制进行剖析，从中获得对建设江苏省科技服务中介机构的启示，进而促进江苏省医药产业产学研深度融合。

（一）关西技术转移机构的发展沿革

关西TLO成立于1998年，由京都大学教员设立。1998年12月日本颁布《大学等技术相关成果向民间企业的转移法》，依据该法，关西TLO被文部科学省认定为“承认TLO”。2003年10月开始实行的《国立大学法人化法》，根据该法，许多大学都设置了校内的知识产权本部，大学的研究成果归大学所有，从发明评价到技术转移等一系列活动都由校内知识产权本部承担，这让关西TLO的外部环境发生了重大变化，不再享有政府资助，同时，机构工作量减少、业绩下滑、营收赤字，这种情况下，关西TLO决定与大学签订业务委托契约，营建大学共同经营型TLO。2016年，京都大学收购其68.2%的股份，并作为股东共同参与关西TLO的经营。

（二）关西技术转移机构的运行机制

关西TLO在经营过程中实施的是国际化战略，稳定了关西TLO的经营，一方面与日本企业合作，与京都大学、和歌山大学等国内的多所大学签订了业务委托的合约；一方面与国外众多企业合作，积极推进与国外大学技术转移机构的合作。

关西TLO作为校企合作交流的桥梁，起到了沟通和协调校企关系的作用。具体业务包括两个方面：高校和企业，高校方面主要涉及知识产权管理，企业方面主要是向企业介绍高校的研究成果。

面向高校的知识产权管理的具体步骤：（1）发现大学最新技术成果，向相关研究者了解具体信息；（2）对相关技术成果进行技术和市场应用评

估，并形成评价报告；（3）向日本专利厅申请专利；（4）向产业界发布相关专利信息，与企业进行洽谈合作，实行技术转移。

面向企业的技术转移，主要是以下几个步骤：（1）向企业介绍发明内容；（2）企业对成果进行考察；（3）签订保密契约；（4）企业获得研究成果的详细资料。关西TLO与企业合作一般通过专利转让、合作生产等方式进行。

（三）关西技术转移机构的用人机制

关西TLO组织工作人员数量不多，共有28人。TLO实行的是技术转移经理专案制，技术转移经理的工作包括挖掘科研成果、科研成果价值评估、申请专利、科研转移及转移跟踪反馈等过程。技术转移经理的工作内容包括同教授的访谈和沟通，了解技术相关信息；以及同企业的洽谈，对企业的调查，以了解企业技术需求和成果实施情况；此外，还有其他工作，如专利申请、技术评估、市场评估。他们会对工作时间进行恰当分配，一般来说，花费在这三项工作的时间比为3：3：4。可以看出，技术转移经理的工作职责对技术转移经理的要求很高，他们不仅需要懂技术，还需要沟通技巧和对市场的敏感性。所以，关西TLO的工作人员大多是复合型人才，或者由不同的专长人员组成团队。像关西TLO的机构组织团队构成中，就包括了大学的校长、教授以及企业高管。

四、日本产学研合作启示

目前，江苏省科技中介机构与日本相比较，主要存在运行经费单一、服务功能单一、专业人才不足、管理不够灵活等的问题。针对中介机构存在的问题，本章认为日本产学研成功经验对促进江苏省医药行业产学研主要有以下几点启示。

（一）设立产学研技术转移实体机构

技术转移是一个复杂的系统工程，非常需要一批能够市场化独立运作的技术转移机构，日本运行较好的TLO就是这类组织。他们基本上是根据所依附大学的实力、性质，而采取不同的独立运营组织，为大学专利成果的成功转移和转化做出了突出贡献。

目前，我国大学技术转移服务机构包括成果管理办公室、专利管理办公室、知识产权管理办公室等等，数量繁多，但质量不佳，大多依附于单个高校，服务意识和市场意识不强。所以，国内技术转移机构因机制而动力不足，离产业化发展的要求还有较大距离。有实力的大学专利技术转移组织可以向广域型发展，将技术转移的对象从依附单一高校向区域高校、行业高校扩散，这既可以丰富技术转移组织的技术成果来源，也有利于实施专利组合策略，提高技术转移成功的概率和收入。

（二）制定大学技术转移促进法

日本是一个依法行事的国家，各类科技中介服务机构的诞生及运作均是有法可依。1998年12月日本颁布的《大学等技术相关成果向民间企业的转移法》对日本科技中介服务的机构起到了极大的推动作用。在日本，不管是成立国立或公立机构，还是私营中介机构，都需要通过法律对机构业务进行明确的授意，确定该机构的目的、任务、职责、运作方式以及资金保障等，基于以上前提，该机构才能申请成立和开展工作。

与之相比，我国对中介组织的立法工作还远远不够，已经出台的法律法规比较零散，既不齐全，也不配套，而重要的中介组织法律法规尚未制定与实施。政府应进一步完善促进产学研合作的制度环境，按照社会主义市场经济的要求，结合我国国情，学习日本制定《大学技术转移法》，规范大学技术转移管理，使市场中介组织合法化、规范化，为大学与企业的合作研究创造良好的政策环境，激励大学与企业的创新合作，加强对科技中介机构的立法工作。

（三）培养精通产学研合作的专业人才

从前文分析可以看出，科技中介机构服务的工作内容复杂，一方面需要对技术和成果进行评价，体现的是技术能力，另一方面还需要对市场有较高的敏感度，正确认识成果转化应用中的市场风险，体现的是市场营销能力，这些都对科技中介服务工作者的专业水平、综合素质提出很高的要求。日本的中介机构的工作人员往往都是复合型人才或团队，日本TLO团队主要由兼职教授和专门招募的职业经纪人构成。兼职教授一般能够为中介机构在成果的选择鉴定等方面提供咨询。职业经纪人主要负责技术转移过程中的技术推广、企业市场需求调查、中介信息处理、专利申请等工作。

与日本相比，我国的技术中介机构最重要的一个问题就是缺乏精通产学研合作的专业人才。今后可以通过组织人员到国外学习先进经验、与国外大学合作、开设短期培训班等方式，培养不仅精通技术，而且熟悉法律、营销技巧以及风险投资管理的复合型人才，从而从根本上提高科技中介服务人员的综合素质，进而推动我国产学研合作的发展。

第三节　欧洲产学研合作经验借鉴

一、欧洲产学研合作发展历程

近年来，欧洲在创新不足的威胁中进行反思，认识到尽管欧洲拥有世界知名的高校和研究基地、充满活力的企业和创新人才，但由于这些主体间没有形成合力，导致创新创业文化缺失，能够转化为新产品或服务的创意太少。为了推动社会经济的持续协调发展和国家创新能力的提升，欧盟在里斯本战略目标的指导下，于2008年4月成立了欧洲创新与技术研究院EIT（European Institute of Innovation and Technology，简称EIT），其使命是通过加强各成员国和欧盟的创新能力，以解决欧洲社会所面临的创新不足的问题，促进欧洲的可持续经济增长和提升欧洲各方面的竞争力。EIT还通过创立章程明确要以“知识与创新共同体”（Knowledge and Innovation Communities，简称KIC）模式运行整个平台。但直到2010年，才依据“欧洲2020战略”的提出确定了三个关键领域的KIC。

欧盟从第一个医药与卫生研究计划开始到马斯特里赫特条约，重点强调了要充分发挥政府的引导作用，推动欧盟各地区的产学研合作。同时充分发挥欧盟框架计划的作用，重视集群和区域性集聚的建设，组建欧洲技术平台，并将其作为各部门联合研究与创新的核心手段。

二、欧洲产学研合作特征

（一）侧重的技术领域具有针对性

欧盟的技术-产业联盟主要集中在航空技术、工业自动化、微电子、生物技术及政府支持的高新技术等领域。欧盟企业主要是通过技术联盟来发展自己的优势领域，而欧盟内部间的企业联盟主要是偏重于原欧共体所支持的技术领域。

（二）联盟的目的很明确

除了共同研发高新技术和提高技术创新的抗风险能力等一般目的，更强调发挥整体实力，各国企业只有结成技术上的联盟才能以综合实力取得在全球中的优势地位。

（三）合作方式灵活多样

开发新技术时通常采用共同研究的方式，共同组建和使用研究设施。在共同研究开发项目的过程中，一般是各自独立、任务分担，最后根据各自的贡献各取所需。在技术复杂的大型项目开发过程中，往往由联盟实体来整合各方资源。

三、欧洲主要国家产学研合作

（一）英国产学研合作

1.剑桥现象

剑桥现象是指位于剑桥大学附近的剑桥科技园于1986年引入第一个入驻者后，其附近在短短几年内成长出300多家企业，而且截止到2008年已经出现了1 400多家企业，而这些相关企业依托剑桥大学形成了欧洲最为先进的科技企业集群。

剑桥现象的出现除了离不开剑桥大学自身的人才教育和科技水平，更不开剑桥大学前瞻性的产学研合作理念。剑桥大学科研实力出众，诞生出众多诺贝尔奖获得者，周围聚集的科研院所更是为其科研发展注入了强劲动力，其宽松的文化氛围使得学生自由发展，也使得出自剑桥大学的人才涉猎领域广泛，为剑桥科技园各自不同领域企业的发展提供人才支持。而且剑桥大学积极与企业进行合作，不仅剑桥大学会为企业提供技术与人才，企业也会为大学提供市场分析以及管理服务，产学之间的长效坚实的相互合作、相互影响使得剑桥科技园发展良性持久。而资金的支持使得产学研发展免除后顾之忧，巴克莱银行对当地高新技术创新企业提供资金资助，而且协助新兴企业制定战略计划以及构建管理体系，为企业发展扫平道路。

2.“教学公司”模式

“教学公司”模式是通过让培养对象参与、管理“教学公司项目”的开发与管理，将大学的先进技术转移给企业，以培养高质量的技术管理人才。根据“教学公司项目”的运行过程，可将其分为项目启动、项目形成、项目助理培养和项目管理阶段。教学公司模式通过有针对性的培养为产学研提供高质量管理人才。

项目启动阶段，高校与企业联合申报教学公司作为项目载体，通过项目基金资助将双方联系起来，企业通过市场需求制定研发项目，而最终目的是促进高校科技成果向企业转化，教学公司委员会对企业进行评估，通过后企业可以开始启动教学公司项目。项目形成阶段，企业根据自身需要筛选合作大学，大学与企业双方共同完成教学公司项目申请书，教学公司评审后，会为双方提供一定比例的资金支持。项目助理培养阶段，项目助理由高校选聘在企业工作，高校为其提供学术支持，提高助理学术水平，企业提供技术支持，培养助理实践能力，企业和高校共同培养，充分发挥各方优势。项目管理阶段，项目助理开始着手进行各项日常管理活动。

3.“三明治”模式

“三明治”模式是在整个大学学习的中段，将学生引入企业实习或进行出国交流，之后继续回学校完成学业的教育模式，概括为“理论—实践—理论”。这种人才培养模式注重实践后的回馈教育，学生在实践后根据自身不足或者需求，主动接受针对性的教育，这将直接提升人才质量，促进人才与企业匹配，推动产学研合作发展。

“三明治”模式分为：在对象选拔阶段、方案制定、教育、培养反馈与培养评估的等过程。对象选拔，企业根据自身需求，由学校产业服务中心或者导师提供学生名单，经过企业考核决定是否录用；方案制定阶段，通过选拔的学生在学校和企业共同的指导下，根据企业需求制定培养目标，借此确定培养方案，以此培养学生的综合素质，知识能力、实践能力、思维能力以及合作能力；在教育阶段，课程设置遵循实际需求，紧密结合地方经济，注重学生专业教育，注重理论运用于实践，进行真实工作情景训练，使得学生能尽快适应企业工作，进步更多更快；在培养反馈阶段，企业与学校设有信息交流渠道，双方共同掌握学生实践信息，对学生的及时评估，对实践方案及时调整；培养评估由课程评估、导师评估、企业评估组成，对学生专业知识、实践技能进行综合评价。“三明治”模式将理论学习与工作实践相结合，提升了学生的就业竞争力。

（二）德国产学研合作

1.双元制大学

20世纪70年代，德国就业系统出现人才缺口，有较强实践应用能力的管理人员、技术人员和服务人员的数量已经不能满足企业的需求，为了解决这一问题，50家巴符州的大中型企业和斯图加特行政与经济学院共同合作，创立了德国第一所校企合办的高等学校，巴登符腾堡州职业学院，创立了理论创新与实际应用相结合的新型产学研教育模式。2009年，与9 000多家企业建立合作关系，成立巴登符腾堡双元制应用技术大学。

双元制教育有效地培养学生解决实际问题的能力，使学生进入企业能够尽快转换身份，适应融入企业生活，及早培养归属感与认同感。与传统教育相比，双元制教育有以下特点：学生自入学第一天起就与企业签订雇佣合同，成为企业员工；大学与企业共同教育，学生在大学与企业每三个月交替一次，在大学学习理论知识，在企业进行实践实习，整个过程中兼职的教师绝大多数来自企业；每个班级不超过30人，保证教育质量以及教育覆盖，鼓励学生创新发展。此外，行业协会对整个培养过程进行监督、评价，保证整个培养计划顺利完成。大学自身设立研究机构，促进大学科研成果向企业转化。企业为了提高学生的个人能力，通过奖学金的方式进行激励，吸引优秀产学研培养人才向企业流动。

2.科学创新体系建立

为了提升经济效率，强化科技发展对经济发展的推动作用，德国联邦政府推行一系列举措促进产学研合作，推动产学研发展。联邦政府和州政府为大专院校、其他科研院所以及中小企业提供资金支持，这些资金被用于基础研究和进入市场竞争之前的基础应用研究。工业界联合会为中小型企业提供设备和创新费用资助，提升中小型企业核心竞争力，对研究机构依照其创新合作开发项目按照不同比例进行资金支持。德国借鉴全球产学研合作经验，政府将资金扶持对象定位于研究机构及中小型企业，促进中小型企业与高校及其他科研院所合作，重视创新技术领域投资，为产学研发展解决后顾之忧。

2002年之后，德国规定大学的科研人员的科研成果归大学所有，大学有义务对本校科研人员同意而且公开的科研成果进行专利登记。为了鼓励科研人员进行科学研究，规定科研成果30%的经济效益由科研人员所有。德国大学的科研成果，80%由团队完成，20%由个人完成。为了促进科研成果转化，大学内部或者联合一定地理区位内的其他大学成立专门进行科学成果转化的服务机构，对专利进行集中管理，寻求目标客户，直接将专利进行转让，或者帮助科研人员创业和进行产学研合作共同将专利成果市场化。联邦政府和州政府则会为服务机构分别提供40%的经费支持。

四、欧洲产学研合作启示

（一）高校提高自身科研实力

长久以来，中国产学研合作主要由企业提供研究方向，高校提供技术支持，因此，企业的市场洞察力将直接决定产学研合作的成败，而高校的科研水平也将直接决定产学研合作的创新成效。高校除了提高创新能力，还需要平衡科研活动的经济性与学术性，即既要发挥科研成果所带来的经济效益又要保持科研人员作为学者本身对科研活动的热忱。此外，高校之间应构建学术交流平台，建立良性的竞争环境与良好的学术氛围。高校还应积极主动地与企业进行技术交流，提高自身科研技术的实践性，为科研成果转化提供便利。

（二）高校转变人才教育理念

中国高校应从过去的单一教育模式转为对学生的个性化教育与实践性教育。高校根据学生未来的职业规划进行个性化培养：高校除了重视基础知识教育，还应根据企业的需求与学生进行匹配，对学生进行专业化教育，与现有高校的学科教育不同，自身还应加强其专业教育的针对性。注重实践教育，有针对性地设计实践方案，加强学生实践期间与企业的交流，双方根据学生的表现调整培养方案。在学生实践活动结束后，应对学生进行理论再教育，学生根据实践锻炼与理论强化构建符合企业所需求的知识体系。在理论教育与实践教育期间，高校还应及时对学生进行评估，对学术能力、实践能力、思维能力和合作能力等多方面进行综合评估，促进学生综合发展。高校也因此完成对开展产学研合作活动人才的培养，人才作为联系高校和企业的桥梁，为长期开展产学研合作提供持久动力。

（三）政府充分发挥推动作用

我国政府可以借鉴欧美国家政府推动产学研合作的举措，对小型企业和科研机构进行资金扶持。产学研合作对于推动当地经济发展具有巨大贡献，一些大企业有自己的技术团队并且不愿意将研究成果分享，也不愿意进行产学研合作，而中小型企业虽有产学研合作意向，却因资金问题而望而却步。政府首先应对中小型企业进行筛选，遴选出有科技创新发展前景的企业并对其进行产学研合作引导，依照其需求积极匹配高校及其他科研院所，并为此提供资金支持。中小型企业数量众多但因其规模有限，政府在借此充分发挥产学研合作所带来的巨大经济效应的同时，也为这一“投资”行为降低风险。

我国政府应继续完善专利技术转让相关制度，为大学及其他科研机构的研究成果转化铺平道路。科研开发作为高收益活动的同时也具有高风险性，再加上前期科研开发的时间、资本、人力等的投入，中期的专利管理如专利的申请等，以及后期受让者的寻找和专利的转让等一系列的相关活动，使得专利转让费用水涨船高，而面对这高额的转让费用，企业最后也必然会让消费者承担。如何维护专利所有人的利益，平衡学界、产业界和社会公众三方的利益，是政府未来面对产学研合作发展所必然遇到的难题。

本章小结

以美国、日本、德国和英国为代表的发达国家产学研合作体系各有特色，美国产学研合作模式较为多样化，注重企业的参与和工程实用型的人才培养；日本强调政府的干预，侧重于实行政府调控下的制度化合作；德国的产学研合作突出政府的扶持作用，日本的产学研合作强调政府的引导作用，英国独有的“剑桥现象”强调高校作为合作中心，辐射周边经济发展的作用。

虽然各国在产学研合作上有所不同，但是比较之后会发现，他们在产学研合作上存在以下共同点。

（1）政府支持是促进产学研合作持续发展的基础保障。

（2）企业要加强自身的科研创新能力。

（3）高校要做好自身的内部管理工作。

（4）中介机构的桥梁作用不容忽视。

第六章　江苏省医药产学研深度融合对策研究

江苏省医药产学研深度融合发展所需的政策和法律法规制定以及配套措施的完善工作，是一项需要各相关主体密切配合的复杂而又庞大的系统工程，仅仅依靠某个部门和主体的努力难以解决产学研深度融合中的核心问题，为此，本书分别从政府、企业和高校角度提出如下政策建议。

第一节　基于政府视角的江苏省医药产学研深度融合对策建议

政府在产学研深度融合过程中应当积极发挥引导作用，主要可以通过制定相关政策以促进产学研的发展，颁布相关法律法规保障产学研合作有序进行。本书立足于江苏省医药产业产学研现状，为使国家及江苏省政府更好促进医药产学研发展，提出以下几点政策引导建议。

一、学习借鉴国外优秀的产学研政策法律制度，保障产学研深度融合

（一）为促进产学研发展制定相关配套法律法规

从美国《拜杜法案》的制定我们可以学习到，对于医药行业这样的高技术产业，不仅要制定法律确保科技创新的核心地位不动摇，还要制定相关配套法规以保障产学研各项业务的顺利实施，从而使产学研相关政策法律体系更加具有指导性与适用性，为产学研相关主体提供引导。

当前产学研合作在我国的一个窘境就是人们对于产学研合作的具体内涵理解不清，仅仅有一个模糊的概念，主要原因在于缺少产学研配套法规，导致产学研的重要地位没有体现。产学研合作相关主体在进行产学研合作时遇到的一系列纠纷问题，往往只能适用其他科技法律中的零散条款。如此现状很难推动产学研的发展，因此，要实现产学研的深度融合，国家立法机构应当颁布产学研配套法规。将产学研中各行为主体的权利义务、科技人员的权益、科研成果价值的评估与归属、利益分配、违约责任等内容以法律法规的形式确定下来，让产学研各行为主体在面临纠纷时做到有法可依。

（二）及时修订并更新产学研相关政策法律

从前文所提及的美国《拜杜法案》以及其他一系列科技法案的推出，我们可以发现，美国对于科技法案以及政策的更新是十分重视的。美国会根据当前科技领域发展的现状及时修订法律，以确保科技领域的发展不会受到阻碍。从规律性上来看，美国几乎每两年就会更新科技领域的政策法律，十分注重时效性。但是在我国，以《中华人民共和国促进科技成果转化法》为例，该法是促进产学研发展的重要法规之一，但是它在1996年发布以后，过了近20年才进行修订。然而在这20年中，像医药产业这样的高科技领域早已发生了巨大的变化，法规难以具有指导性，因此，及时修订更新产学研相关政策法律十分重要。

由于医药类高科技领域发展的速度很快，因此，需要及时修订法案，以便保障法律适用的时效性。及时修订产学研相关法规首先要填补产学研相关法律的空白，例如目前江苏省以及全国，都存在产学研的相关风险投资机构以及科技中介机构的权责划分不明的现象，那么政府的当下之务就是要完善产学研法规，明确各方权责。其次就是要厘清与撤销已经不再适用当前科技发展的部分滞后的法律条款，从而保证产学研相关法律的先进性与时效性。

（三）设立地方性产学研政策法规以配套产学研法规

我国地域广阔，每个地区科研技术的发展情况都大不相同，有的省份科研实力相对雄厚，而有的省份却十分薄弱。那么，科技技术相对先进的地区对产学研的相关政策需求就会与其他地区有所不同，就应鼓励不同的地方政府推行不同的产学研发展政策以满足本地区的发展需要。但是，地方性政策的推行必须要与中央的产学研法规相适配，不能脱离产学研法规的基本理念，并且对于法规的要求要做到一一落实。在当前还未颁布产学研配套法规的情况下，国家促进创新的各项办法，各地方政府就没有成功做到逐项落实。举例而言，《中华人民共和国促进科技成果转化法》中的第12条要求，对能够显著带来经济效益的科技成果转化项目，可以通过政府采购、研究开发资助、发布产业技术指导目录、示范推广等方式予以支持。但是在许多地区，这项规定并没有落实到位。江苏省对于能够显著带来经济效益的成果项目没有建立系统性的评价流程，这样难以推进产学研的有效发展。因此，颁布有针对性的地方产学研政策法规，对于完善我国的产学研法规体系十分必要。

二、提高对产学研合作的资金投入，建立科研信息公开平台

（一）拓宽产学研合作融资渠道，积极提供政府资助

在前文的调研中，我们看到许多管理人员纷纷表示，产学研难以深度开展的重要原因之一是缺乏足够的资金支持。之前美国许多高新产业也同样面临缺少资金的问题，但是，美国政府积极推动建立多元化的融资渠道，鼓励风险投资机构以及其他一些民间资本进入产学研合作创新的过程中，为产学研发展注入了活力，解决了资金不足的困难。江苏省以及国家和地方政府也应当学习美国的融资经验，积极鼓励民间资本涌入产学研的发展过程中，促进产学研高效融合。

除此之外，需要设立科技成果转化基金，发挥行业中试中心的作用。使用贷款贴息和股权投资等方式，促使科研院所、高校的科技成果中试后就地转化。另外，提高产学研各方共同承担科研项目的比例，推动企业积极参与科研院所、高校的前期研发活动。科技计划及专项经费管理加入后补助机制，引导和支持企业按照市场经济和产业发展规划提前投入，进行科技项目研发。

（二）建立科研信息公开平台

科研资金滥用是我国产学研领域当前面临的一个重要问题，主要原因在于科研信息的非公开性。日本在这方面提出了一个解决办法——建立科研信息公开平台。这样一方面可以避免重复立项的问题，减少科研投入的浪费，提高知识开发效率。另一方面可以使社会监督科研经费的使用情况，减少科研资金的滥用。但是相对于日本而言，我国科研领域更为庞大，科研信息系统更为复杂，因此，单单依靠江苏省建立这样的信息公开平台意义不大，需要从国家层面进行发力，建立全国范围的信息平台。完善产学研的科研信息平台建设，本书建议从三方面入手。首先，要设立产学研信息控制系统，系统的设立要兼顾开放性以及有效性。有效性要求该系统可以将产学研各主体纳入其中，利用技术对系统进行维持，避免各参与方的权责纠纷问题，避免全国范围内的重复立项问题。开放性要求对外可以保证资金投入、消耗等过程的透明性。其次，确立平台的管理机构，本书建议由国家科技部主持设立科研信息平台管理机构，将具有较高专业技术的人员纳入该机构中，地方科技部门配合中央将本地的科研信息录入。最后，为了科研信息平台能够产生持续有效的促进作用，管理机构需要培养专业数据分析人员。该类人才需要熟悉产学研合作的运作流程，熟知科研信息平台的功能，掌握有效分析产学研合作数据并且可以基于分析得出科学化的结果等的能力，可以提升科研信息平台的运作效率。

三、继续加大对产学研创新活动投入，科学管理产学研科研经费

（一）积极落实《中华人民共和国科技进步法》的规定

国家与江苏省地方政府应当积极落实《中华人民共和国科技进步法》的相关规定，对于产学研科技创新投入应当予以高度重视，保证产学研的科技创新投入经费。并且国家与江苏省地方政府应当基于产学研发展现状制定产学研专项科研经费相关法律以及地方性法规。另外，作为产学研合作创新的重要支撑，高校应基于国家的基本规定，依照产学研合作的实际

情况完善关于科研经费的相关管理办法。

（二）加大对于基础科学研究的投入力度

基础科学研究是创造一切产学研创新成果的源泉，只有拥有雄厚的科学研究基础，产学研知识开发阶段才会涌出更多有成果转化价值的科学成果。从数据上来看，2017年我国的研发支出额为17 606.1亿元，对于科技研发的投入量十分庞大。然而，就当前的投入来看，我国更加重视的是成果转化，基础科学研究的研究投入所占比例非常小。我国2017年基础科学研究投入仅为975.5亿元，在总研发支出中占比为5.5%。而相比之下，发达国家的基础科学研究投入比例普遍在15%以上。例如美国在基础科学研究方面的投入比例，在2008—2018年间基本保持在17%～18%左右浮动。加强基础研究是产学研发展的重要途径，国家与地方政府应当加大对于基础科学研究的投入，保证产学研知识创造的源泉不会干涸。

（三）完善当前产学研税收优惠政策，提高税收优惠政策覆盖面

为了鼓励产学研发展，法国通过“国家创新计划”，推出了一系列税收优惠政策。我国应借鉴其支持产学研发展的方法，从完善税收优惠政策的角度出发，降低企业与高校在产学研合作中的资金负担，为产学研提供足够的活动资金。当前产学研税收优惠政策可以往以下方向发展：对进行产学研合作的企业与科研人员的个人所得税进行优惠，制定个税导向型政策，鼓励产学研合作，提高产学研合作双方的积极性。例如，允许产学研合作双方将研发以及向实际生产转移的资金以经费的形式列出，对这类用于产学研的资金实行减免税。再者，企业与高校进行产学研合作签订研发合同时，对于企业向高校支付的研发经费，经过相关税务机关认证后，对这类研究资金实行减免税。对产学研合作中的研究人员，所获得的工资与津贴等收入，实行免征个税等优惠措施。

江苏省对于产学研方面发布了多种形式的税收优惠政策，例如，为了加大高新技术企业培育扶持力度，支持企业增强自主研发能力，江苏省将企业研发费用加 计扣除比例提高到75%的政策，由科技型中小企业扩大至所有企业。那么接下来的工作就是要继续完善产学研税收优惠政策体系，从产学研资金的方方面面提供帮助，同时，还要提高这些税收优惠政策的覆盖面，使优惠覆盖到进行产学研合作的各个行业以及各个环节。

（四）完善研究经费审批制度

应在立法中明确研究经费投入的重点和程序，规范产学研合作研究立项的项目参与者的责任分工，以确保项目选择的合理性以及项目的预期回报。中国当前项目经费使用的情况是，当项目负责人成功申请项目立项，负责人便可以获得项目经费的使用权。但是，立项所研究的科技成果在后期是否能进行成果转化，政府有关部门并没有对这方面进行关注。这样的结果会导致科研项目所取得的科研成果并不能满足市场化的需要，并且会占用其他有成果转化价值项目的立项名额，造成科研投入资金的巨大浪费。针对这一问题，政府可以采取国外对于科研项目立项的相关管理办法，对成功立项的科研项目进行动态跟踪。在科研项目进行的各个阶段进行科研经费的分期投放，并定期对预期的科研成果进行项目评估。当评估发现当前的科研项目进度并不能带来预期的科研成果或者科研成果无法进行成果转化时，可以终止对该项目的支持，以此确保科学有效地使用科研投入资金。另外，政府应将科研项目立项审批的信息和程序透明化，以确保立项审批的公正性和科学性。

（五）加大对科研经费的监管力度

当前，我国仍然普遍存在科研经费滥用的情况，相关的报道层出不穷。为了提高产学研合作的效率，政府必须要做好监督项目科研经费的工作。当前我国对于科研经费的管理主要通过两个方面：首先是通过政府颁布的法律规定以明确规定禁止科研经费滥用；其次是通过高校财务部门对于报销过程的监管。但是，仅通过这两种途径来制止科研经费滥用，力度着实不够。高校财务人员数量较少，且财务工作较为繁忙，对于科研经费的监管工作难以保证。国家法律虽然有明确规定，但是科研经费滥用的手段较为隐蔽，若非知情人员举报难以查处。因此，要想解决经费滥用问题，需要建立健全的科研经费监督机制。政府可以通过聘用第三方专业金融咨询机构，对高校的科研项目经费实施监控。同时，应该借鉴其他国家设立科研经费透明信息平台，方便社会公众对科研经费进行监督。

四、注重开展产学研合作教育，提高研发人员收益分配比例

（一）注重人才培养，不忘产学研推行初衷

产学研这一理念提出的重要目的之一便是要培养优秀的专业型人才，但是在当前追求经济效益的大背景下，人才培养的初衷被慢慢淡忘。必须注意的是，人才是一切创新活动的不竭动力，是产学研深度融合过程中的中坚力量，因此培养优秀的人才必须是产学研工作中的重要一环。《中华人民共和国促进科技成果转化法》第27条写道："国家鼓励研究开发机构、高等院校与企业及其他组织开展科技人员交流，根据专业特点、行业领域技术发展需要，聘请企业及其他组织的科技人员兼职从事教学和科研工作，支持本单位的科技人员到企业及其他组织从事科技成果转化活动。"就目前而言，这项规定的落实并不到位。江苏省地方政府应当推行人才培养优惠政策，对积极进行科技人员交流以及科技人员从事教学工作的企业进行绩效考核，对达标的企业进行减税等优惠政策，从而推进产学研人才培养目标的实现。

人才培养的工作方向应该越来越倾向于培养技能型、实用型的人才，然而这项工作并不能一蹴而就，需要企业、高校等主体长期的努力培养。在当前产学研快速发展的大背景之下，想要有效进行产学研实用型人才的培养，应该建立合理有效的人才培养激励机制。具体而言，本书认为，首先可以建立"精英培养"计划。培养在某一特定领域具有特殊技能或特殊能力的人才，这将为特定领域的产学研发展提供强有力的人才支持，树立人才标杆。对于产学研这一复杂的创新机制而言，一般技术型人才往往是不够的，更加需要的是有杰出贡献和专业能力并存的精英人才。建立"精英培养"计划应具有针对性，政府与高校应齐心协力，将引进精英人才、精英人才交流、发现和培养精英作为计划的主要目标，从而鼓励精英人才脱颖而出。其次，本书建议政府建立普通本科人才评估机制。评估系统的建立应遵循两个标准。第一个标准是国家级标准。基本评估标准是根据相关的国家政策要求制定的，符合国家对人才的基

本要求。第二个标准是企业级标准。在市场经济条件下，人才的培养标准除了要满足国家政策，更应当适应市场以及企业不断变化的对人才的需求。据此，在制定人才评价标准时，可以将企业标准引入评价体系，实现双重标准。

（二）继续提高研发人员收益分配比例

从第三章的研究我们可以发现，对于当前的产学研收益分配比例，科研人员的满意度都比较高。当前，国家规定科技成果转移转化收益用于科技人员、研发团队及为科技成果转移转化做出重要贡献的其他人员的现金和股权奖励的比例最低不低于70%，具体分配细则由高校、科研院所内部划分。举例而言，中国药科大学规定："积极鼓励以知识价值为导向的收益分配政策，以技术转让、专利权转让或许可等方式转移转化科技成果的，学校从转让或许可所取得的净收益中提取80%的比例用于奖励团队。剩余部分原则上学校、院部分别按15%、5%的比例进行分配。"可见当前对于产学研研究人员的利益分配倾向很高，那么接下来政府的工作需要进一步考量各科研院所、高校的实际情况，听取校方、研究人员的意见，将研发团队的最低收益分配比例逐步提升至80%，进一步提高科研人员的研发积极性。

五、继续努力搭建产学研合作创新平台，组织产学研对接活动

（一）搭建产学研合作创新平台，充分发挥合作平台的功能

当前就江苏省医药产业来讲，已经搭建了包括化药、现代中药、生物制药以及医疗器械四大类产学研合作平台，具体如表6-1。

搭建产学研合作创新平台的目的旨在围绕国家战略和区域经济社会发展的重大科技需求，汇集产业内优秀的高校院所与企业的协同研发资源，聚集和培养优秀科技人才，抢占未来技术制高点，推进产学研深度融合。政府接下来的工作应当继续搭建产学研合作平台，提高合作平台的覆盖面。并且充分发挥合作创新平台的功能，积极组织产学研创新主体通过平台进行对接活动，充分发挥高校院所的智力资源、基础研究优势与行业骨

干企业的投资资源和产业化优势，发挥合作创新平台的作用。

表6-1　江苏省医药产业产学研合作创新平台

重点创新平台名称	主要功能平台
化学制药创新平台	国家靶向药物工程技术研究中心、长效多肽生物药物国家地方联合工程中心，天然药物活性组分与药效国家重点实验室、省原创化学药创新中心、省（恒瑞）创新药物研究院、省消化道药物工程技术研究中心、省抗病毒靶向药物研究重点实验室、省药物代谢动力学研究重点实验室等
现代中药创新平台	新型药物制剂技术国家重点实验室、中药制药过程新技术国家重点实验室、省（济川）儿科药物工程技术研究中心、省中药肾脏病药物筛选工程技术研究中心、泰州医药科技公共服务平台、省中药配方颗粒工程技术研究中心等
生物医药创新平台	转化医学与创新药物国家重点实验室、省生物医药创新中心、省单克隆抗体新药工程技术研究中心、省昆山小核酸技术公共服务中心、省生物药物研究公共服务平台、省生物药物高技术研究重点实验室
医疗器械创新平台	省医用光学重点实验室、省医疗诊断装备及技术重点实验室、省微纳生物医疗器械设计与制造重点实验室、省医疗器械工程技术研究中心、省可降解微创骨科植入物工程技术研究中心、省医疗仪器计量中心、国家和省级企业技术中心等

（二）积极组织产学研对接活动

产学研对接活动的目的是为了将高校院所科技供给与企业技术需求进行精准对接。从而促进高校院所的科技成果进行转化，带来经济效益。当前，江苏省进行产学研对接活动的主要力量是高校院所科技处、江苏省科技厅和各市科技局，科技中介机构的作用目前不明显。高校进行对接活动主要是为了推出校内的科技成果，但是，由于单个高校规模较小，所进行的对接活动的规模也相应较小，因此，需要政府发挥对接作用。江苏省科学技术厅从2018年9月开始组织产学研专场对接活动，到目前为止，进行了包括宿迁市智能制造技术成果专题洽谈会、昆山市智能制造技术成果专题洽谈会、连云港新材料技术转移大会与镇江市先进产业专题对接会在内的四场专场对接活动。政府接下来的工作就是要继续组织产学研对接活动，不断扩大对接活动的规模，目前为止，所邀请的高校与科研院所绝大部分都是来自国内，未来可以吸引国外的优秀科技成果到江苏省来进行对接与转化。

六、鼓励科研设备共享，部分权力下放行业监管部门

（一）积极鼓励科研设备共享，统一管理设备共享信息

仪器设备是产学研合作创新中的一项重要科研投入，但是，许多大型仪器十分昂贵，中小微研发单位难以承受。因此，推行鼓励科研设备共享是推进产学研知识开发的一项重要手段，但是，当前我国的设备共享规模并不大。目前中国科研设备共享规模不成形的重要原因是缺乏畅通的科研设备信息共享渠道，主管单位各自为政，缺乏统一的信息交流机制。由于设备管理单位忽视了科研设备的统计和整理工作，设备需求方无法有效查找所需科研设备的信息，导致科研设备利用率低，重复购置科研设备。因此，为了推动产学研深入融合发展，对于科研设备这方面，政府应推动建立统一的科研设备信息交流和共享机制，实现对科研设备的有效利用。

（二）产学研协调权力下放行业监管部门

进行产学研合作创新的产业主要都是高新技术产业，但是各个高新技术产业之间也存在着许多差别。就医药产业来讲，它与其他高技术产业一样有着高投入、高产出和高风险的特点，但是它还具有临床研发试验周期长、新药申报流程烦琐耗时、适用的法律更加严苛等特点。当前，对于不同的高技术产业的产学研活动，政府采取了“一把抓”的方法，科技项目统一立项，对接活动统一进行，创新平台按照同样的要求进行搭建，没有考虑到产业的特殊性。因此本书建议，将部分产学研协调权力下放到监管部门，在医药行业就是将管理权力下放到国家市场监督管理局，其对于医药行业有着深度的了解，对于医药企业想要什么、有什么样的困难都有着清晰的认识。拥有协调能力的监管部门可以根据合作的实际情况，依据市场的实际需求，对产学研合作双方进行实地走访调研。依据走访调研形成的报告，针对产学研合作中出现的问题，提出解决方案。产学研合作的校

企双方可以依据协调部门的方案缓解合作中的困难，并考虑接下来的合作事宜。产学研合作中出现重大偏差时，应由协调的监管部门作为领头羊，配合企业高校等其他单位，注重协调、沟通、补缺，步调一致解决问题。

七、发挥科技中介机构作用，扶持发展产学研科技中小企业

（一）完善产学研科技中介机构立法，推行中介机构优惠政策，鼓励中介机构加入产学研合作创新体系

当前，科技中介机构对产学研合作创新的推动作用不明显。因此，首先要为产学研中介机构进行立法，确定明确的中介机构定位、权责、从业规范和运作规则。还有必要完善现有中介机构的相关法律法规，使其更加实用。特别要注意对中介行业的管理和监管。此外，建立中介准入门槛，需要中介机构有相应的资质，以提高中介服务业的整体业务能力，营造良好的科技服务市场氛围。

要充分发挥科技中介机构的技术服务、技术评估、技术经纪和信息咨询等功能。政府的主要工作包括：规范中介服务机构的建立、定期开展资格审查和中介服务机构审查、实施动态管理指导。中介服务机构需要提高技术水平和服务质量，加强中介人员的培训和规范管理，提高他们的综合素质，将简单服务改变为多元服务。

（二）扶持发展产学研科技中小企业

中小企业在技术创新和高水平创新中所占的比重越来越大。在产学研合作大力开展的新形势下，科技中小企业需要依靠产学研合作的势头，在政策引导下推动科技成果的产业化发展。国外政府已经采取措施及早支持中小企业，如“美国小企业创新研究计划”等。当前，江苏省对中小企业的扶持方案主要有“江苏省科技成果转化风险补偿专项资金贷款”，即“苏科贷”等措施，是由江苏省、地方科技部门联合商业银行以低息贷款的方式支持科技型中小企业发展的一种政策性贷款。在未来，政府应当继续加大对中小企业实施税收和财政支持政策，推动中小企业技术创新。

第二节 基于企业视角的医药产学研深度融合对策建议

一、医药企业产学研合作的前期准备

（一）医药企业产学研合作伙伴的选择

1.明确选择产学研合作伙伴的原则

选择产学研合作伙伴是一件非常复杂的事情。首先，潜在合作伙伴多。企业创新过程可以细分为取得创新成果、成果产品化、产品市场化的阶段。各个产学研机构创新成果的价值、产品化和市场化难易程度差异较大，医药企业需要衡量多方面因素，选择最佳合作伙伴。此外，市场变化太快，稍晚一步可能就会错失商机，因此，企业创新效率至关重要。产学研机构的制度结构、研究能力、人员素质、产学研相关经验等因素都会影响创新效率，企业也必须考虑这些因素。

因此，企业选择产学研合作伙伴需要根据一些原则，尽量将复杂的问题简单化处理。

第一，互补原则。产学研机构的优势是具有独创性知识和较强的研究能力；企业的优势是了解市场，善于将创新成果产品化和市场化。医药企业选择合作伙伴的首要原则是选择与企业优势互补的产学研机构，获得有价值的创新成果。

第二，相似性原则。产学研各方如果价值观不同，在合作过程中极易出现矛盾和冲突，严重影响合作进展，甚至导致合作失败。医药企业的最终目标是创新成果市场化，获得良好的效益。因此，应尽量选择成果转化意愿强烈的学研机构，此外，也要选择与本公司文化、制度等相似的学研机构，缩小价值观差异。

第三，总成本最低原则。医药企业的本质仍旧是追求利益最大化，创新过程中的总成本直接影响最终的利益。因此，企业创新过程中总是尽量降低创新成本，这也是选择和学研机构合作的最主要动力之一。选择合作伙伴前，企业需要测算合作成本，在保证创新目标实现的情况下，选择总成本最低的合作伙伴和方案。

2.完善产学研合作伙伴选择机制

医药企业为了能选择到最适宜的合作伙伴，避免医药企业与学研方信息不对称造成的协作风险，必须要完善产学研合作伙伴选择机制。首先，医药企业创新项目确定之后，应该根据该创新项目的目标、重点、难点等，制定产学研合作伙伴选择指标体系。其次，医药企业要严格按照指标体系，对产学研机构的相关信息和能力进行核实和考察，客观地选出最合适的合作伙伴。

3.设计产学研合作动态监督机制

目前的很多产学研合作，医药企业仅能看到最后的结果，无法确定学研方创新过程是否按照合同约定进行，这大大增加了企业的合作风险。企业必须在产学研合作合同中明确监督机制，不定期对产学研机构执行情况进行检查和约束。一旦出现违反合同规定的行为，企业可以早发现、早行动，将损失降到最低。

（二）医药企业产学研合作模式的选择

江苏省医药产业产学研合作项目数量逐年增多，但是合作一般都是采取技术转让、委托开发等浅显的模式。联合创办新企业、共建科研基地、产业技术创新联盟等紧密型模式，有利于产学研各方长期合作，适合新药研发周期长、风险大、难度高的特点，但是此类合作项目还较少。

当然，企业应该根据经济状况、发展阶段、创新项目难易等情况，确定选择哪种合作模式。资金充足、发展成熟的大型医药企业，可以出资创办高校或研究所，也可以并购学研方创办的企业，进行新药创新。中小企业可以与产学研机构共建研究中心来进行新药创新，借助产学研机构的知识水平促进企业创新发展。此外，医药企业可以循序渐进，通过一些低层次的合作奠定基础，然后选择合作顺利的、知识水平高、研究能力强的产学研机构进行深度合作。

二、医药企业产学研合作实践过程管理

（一）提高企业自身的知识吸收能力及知识再生产能力

医药企业内设独立的研发机构可以帮助企业直接进行新药创新，增强自身创新能力。更为重要的是，独立的研发机构可以提高企业的知识吸收能力及知识再生产能力。尤其当企业与产学研机构合作进行新药创新时，通过建立学习平台、知识共享平台等，内设的研发机构可以快速吸收产学研方的新知识和研究经验，进行再创造。

（二）医药企业产学研风险管理

1.加强市场调研，降低风险

医药企业产学研合作创新中，必须重视市场调研。企业可以成立市场调查团队或者委托专业咨询机构进行视察调研和预测，深入研究行业动态，了解行业发展趋势。在国外医药创新水平较高的情况下，医药企业也应该时刻关注国外的研发动态，避免重复研发，造成创新资源的浪费。此外，通过对国外研发动态的了解，企业也可以与国外高水平创新团队进行合作，提高创新效率。

2. 建立风险管理机制，从风险管理中发现机遇

医药企业创新是一项高风险活动，企业必须建立风险管理机制，以便及时发现会带来风险的苗头并采取有效措施控制其蔓延。

医药企业产学研合作创新的风险可以细分为合作风险、技术风险、市场风险等。企业通过对风险的分析和管控，能发现内部的不足，然后有针对性地进行完善，进而增强企业自身实力。例如，管控合作风险有助于保持紧密的产学研合作关系，获得理想的合作成果。管控技术风险有助于总结技术开发的关键节点，提高技术开发能力。对市场风险的分析和检测，能够使企业及时掌握市场动态，提升分析和预测能力。

三、建立合理的医药产学研合作收益分配机制

无论采用哪种产学研合作模式，主要的合作动力之一就是获得收益，但是，各方最希望的都是自身收益的最大化。因此，应该通过收益分配机制，在激励各方认真履行合同义务的基础上，调动各方积极性，目标一致地创造整体利益最大化。为保证收益分配的公平性与合理性，应该从完善收益激励机制及风险分担机制两方面设计收益分配机制。

（一）建立完善的收益激励机制

收益激励机制主要为了提高产学研各方对创新的贡献。企业的贡献主要是资金、人力等；产学研机构的贡献主要是知识、智力等；中介机构的贡献主要是信息、服务等。这些贡献中只有资金、人力、信息可以量化，知识、智力、服务等资源无法量化，导致资源的贡献无法直接进行比较。因此，企业首先需要确定一个各方均可以接受的资源计算和贡献计算比例，保证各方的贡献得到合理的回报，进而调动各方的创新积极性。

（二）建立收益分配对风险的分担机制

前文调查研究发现，产学研合作中的风险主要是合作风险、技术风险及市场风险，因此，需要分别讨论收益分配对这些风险的分担机制。

1. 分担合作风险

合作风险一般来自合作伙伴的败德行为，因此，企业需要通过收益激励机制，使其得到比败德行为更多的收益，消除败德行为动机，避免违约行为的发生。同时，企业还应该建立对败德行为的惩罚机制，一旦违约，必须受到严重的经济损失和名誉影响。通过正向激励和反向惩罚相结合的方法，尽量规避合作风险。

2. 分担技术风险

收益分配对技术风险的分担体现在取得的收益与承担的风险成正比。科学的收益分配取决于贡献比例和风险承担比例两部分。医药产学研合作中，企业处于主体地位，承担创新全过程的所有风险，但是主要负责的是成果市场化风险；产学研机构主要负担创新研发风险；中介机构主要负担

项目失败所付出的信息和服务资源的风险。只有将收益分配与风险承担紧密结合，才可以在一定程度上分担风险。

3. 分担市场风险

市场风险主要是指创新成果市场化失败，得不到原定收益的风险。同时，由于市场千变万化，正在进行的创新研究也可能会突然失去价值，因此，市场风险存在于创新的全过程。总的来说，企业负担成果产品化及市场化的重任，相应承担的市场风险比例也最大，应该按照收益与风险对应的收益分配制度，企业理应获得较大的收益比例。

第三节　基于高校视角的产学研深度融合对策建议

高校在产学研合作创新中主要起到研发主力的作用。因此，高校要不断提高研发能力，创造出更多满足市场需求的成果。同时，高校必须重视产学研合作，在人才培养和教学实践中融入产学研合作的先进理念，吸引企业参与创新人才的培养，借此增加沟通交流，促进产学研合作水平的提升。

一、完善高校基础建设，贴合市场需求

（一）深化产学研合作必要性的认识

人才培养、科学研究与社会服务是高校传统的三大职能，产学研合作能有效地推动高校三大职能的实现。高校除了担负培养人才的重任之外，往往还期望能够在科研方面有所突破。在激烈的市场竞争现状下，高校要想获得足够的科研资金来维持高投入、高成本的新药研发，就必然需要外界为之提供足够的资金，这样就为地方高校寻求与医药企业的合作提供了必要条件。高校通过与医药企业合作，可以了解最新的研究趋势，为学校创立新专业、新学科提供机遇，推动学校科研能力和教学水平的提高。高

校的另一个重要任务是服务经济社会，而经济发展也强烈要求地方高校积极开展产学研合作。高校可以为经济发展培养高层次的应用型人才，也可以为医药产业结构的调整、医药企业新项目的开发提供技术上的支持，带动医药产业创新，产生新的经济增长点，为区域经济发展做出贡献。

此外，医药产业产学研合作也为高校教师提供了一个实现自身人生价值的机会。高校是知识创造和传播的地方，教师大都具有渊博的知识，而且相较于物质财富，大部分高校教师更看重自身人生价值的实现。除了传授科学知识这一渠道，他们更想通过将自己拥有的智力财富转化为生产力，直接促进社会与经济的发展。通过产学研合作这一平台，高校教师可以使自己的科研成果以最快的速度转化为现实生产力，从而实现个人的人生价值，获得自我实现。

（二）完善学校学科布局

医药创新涉及生物学、化学、医学、药理学、生理学、药物代谢动力学、毒理学等多学科。创新药物研发的交叉性、综合性、应用性，要求高等院校培养出基础知识全面、实践技能扎实、富有创新能力的复合型药学人才。

课程内容是科研的基础，课程应该融合药学及相关知识，满足内容全面、实用性强、富有启发性等要求。一是要合理设置交叉学科类课程，使药学教育由传统的单一模式，向化学、生物、医学相融合的模式转换。二是增加前沿的药学课程，帮助学生清晰地了解当前科研现状和发展趋势，保持药学知识教学的先进性、科学性、时代性。三是更加注重课程的应用性和创新性，保证基础实验课程课时的同时，设置一定数量的开放性创新实验，培养学生的科研创新能力。

学校应从战略角度对学科进行整体规划，凝练学科方向，注重学科均衡发展，逐步形成药学多学科支撑协同的创新机制。

学校可以通过引进高层次人才，来提高科研创新能力。可以借助《“江苏省高层次创新创业人才引进计划”改革实施办法》《江苏省“333高层次人才培养工程”改革实施办法》《关于聚力创新深化改革打造具有国际竞争力人才发展环境的意见》等人才新政，积极实施领军人才、创新团队、青年人才的引进、培育和奖励计划；同时改革人事聘用和人才评价机制，形成一支由首席科学家、方向负责人、中青年骨干、博士后、高级工程技术人员组成的协同创新队伍，营造和谐发展的氛围。

（三）深入了解社会需求

医药产业产学研深度融合离不开政府的引导、指导和协调。高校科研机构应以人民健康为中心，以市场需求为指引进行合理的创新开发。因此，医药类高校进行创新活动之前，必须进行市场调研和分析，确保研究的可行性和实用性，这样的成果最能获得医药企业的青睐，调动企业参与产学研合作的积极性，将创新成果尽早产品化、产业化，造福人民健康。

学研机构也应该通过参与学术会议、产品对接会、科技展会等方式，与医药企业进行沟通交流，了解企业需求，促进产学研合作的开展，进而达到知识转移、协同创新的目的。

此外，由于市场需求和企业需求变动较大，高校自身也必须拥有一套应对外部变化的机制，可以随时调整、随时适应。

（四）完善学校内部机构设置

医药产业产学研深度融合是一项复杂的、系统的活动，需要完整的体系来进行保障，包括组织、管理、运作、评价等内容。学校可以参考国外设立技术转移办公室的做法，成立专门的产学研合作办公室，以促进学校产学研合作和发展为工作目标，实现校内人力、财务、设备等资源的最优配置。这样大大简化了业务的办理流程，提高了产学研相关工作效率。此外，该机构还可以更好地维系与医药企业的合作关系，探索长期稳定的合作机制。

（五）完善校内人才激励机制

学校积极完善产学研自主政策，紧跟国家最新的《中华人民共和国科学技术进步法》《中华人民共和国促进科技成果转化法》《实施〈中华人民共和国促进科技成果转化法〉若干规定》等实施条例，再结合校内实际情况进行调整，营造产学研协同创新的科研氛围，实施精神激励加物质激励，引导广大教师参与到医药产业产学研合作活动中来，在提升科研能力的同时，又丰富了教学内容。

在收益方面，增加科研人员收益分配比例，并在考核、晋升方面给予倾斜。对表现优异的人员，也可以另外给予一定金额的奖金。例如中国药科大学印发的《中国药科大学促进科技成果转化实施办法》，对中国药科大学科技成果转化为现实生产力过程中的各方利益分配做了明确规定，规定净收益中提取80%的比例用于奖励团队，该办法很好地鼓励、规范了科技成果转化活动。此外，中国药科大学还出台了《中国药科大学科技成果转化居间人员奖励实施办法（试行）》，每年从科技成果转化经费提出一定比例的金额，奖励在科技成果转化中，到企业进行联系、推广、洽谈等推介工作的校内工作人员（不包括课题组成员），该举措表明了中国药科大学对医药产业产学研合作的高度重视，倡导全校齐心协力推进产学研合作的工作思路。在多项产学研政策的引导下，中国药科大学医药产业产学研的工作成果显著，累计与五百多家医药企业进行过合作，产出了爱普列特、银杏内酯注射剂等多个一类创新药物，累计项目金额高达8.5亿元，大约产生经济效益1300亿元。

二、建立交流沟通机制，促进高校与企业对接

（一）改革人才培养机制，创新人才培养模式

在《国家中长期教育改革和发展规划纲要（2010—2020年）》中已经明确指出，研究生培养制度必须进行改革，学校要适当与企业联合培养创新人才，推行研究生双导师制，创新学生培养方式的同时，加强行业交流。

学校应该与企业建立良好的合作交流沟通机制，不仅仅包括高校派遣科技特派员、科技服务小组、企业工程师、专家教授进入医药企业等各类派驻活动，也包括建立从企业邀请或特聘企业导师、技术工程师、产业教授等进入学校实践教学的双向沟通渠道。一方面，高校在产学研合作过程中的派驻人员一般都比较熟悉本校的科研资源，通过在企业的挂职又可以对企业发展过程出现的技术需求有较为直接的了解，容易快速找到本校与该企业合作的契合点，促成产学研合作。另一方面，高校通过邀请或特聘

的医药企业产业教授、企业导师均来自新药创新一线，能够及时地根据社会经济发展需求和医药产业动态，准确地把握科研项目方向和医药行业的共性技术需求，推动医药企业与高校联合开展科研项目的研究。

此外，要加强高校与医药企业人才资源和技术资源的共享，可派遣高校专家教授到医药研发的第一线进行实践、兼职，成为医药企业的技术顾问，提高“双师”综合素质。而医药企业技术人员也可参与高校药学相关专业建设，制订实践教学计划，成为高校兼职实践导师。同时，充分利用各种交流活动开展双方科技资源的共享，拓展医药产业产学研合作的视野，实现技术供给方和技术需求方的有效对接，促进高校科研成果的快速转化。

（二）响应政府号召，争取政府支持

在产学研合作中，政府的宏观调控作用通过经济、科技、产业、税收等政策得到体现。高校要充分利用政府产学研相关政策，尽量争取政府的项目、资金支持，积极参与政府主办的各类创新平台和科技对接活动。学校也要充分利用人大代表、政协委员等参政人员的职能，根据产业和学科的发展需求，向政府提供发展对策，为行业相关制度的设计和完善贡献力量。例如，中国药科大学建有国家药物政策与医药产业经济研究中心，为行业发展建言献策，提高了学校在医药界的知名度，吸引医药企业洽谈合作。

（三）与高水平大学共建医药科技园

高校与高水平大学一起建设医药科技园，是科技与经济结合的产物，也是产学研发展的新趋势。医药科技园应该依托高校科技资源，具有以市场需求为导向、企业为主体的建设理念。建设过程中，高校应该着重注意以下几个问题：一是以产权为归属，整合优势资源，市场运作、互利互惠。二是高校应该将科技资源，包括仪器设备、图书、数据库等资源主动与园区企业机构共享。三是完善合作管理机制，尤其要重视激励机制和考核机制的完善。四是营造医药科技园良好的创业环境，吸引更多行业人才入园创业。

三、细化产学研保障机制，提升产学研合作效果

（一）完善产学研合同，降低合作风险

我国医药产业产学研合同条款普遍内容空泛、缺乏实用性，虽然包括很多内容，但是缺少详细具体的操作指导，难以保障产学研各方的合理权益。所以高校在与医药企业合作前，必须订立一份明晰、实用的合同，必要时可组织专家进行论证或进行法律咨询。

根据医药产业产学研合作周期长、投入大、风险高等特点，合同的制定必须考虑到合作的所有环节，包括权利、成果归属、利益分配、违约责任等，保障产学研各方合法利益。

同时，产学研合同中要尽可能多地列举可能会出现的违约情况，并制定惩罚措施，规定违约赔偿范围、赔偿金额及其计算方式。尤其对于一些故意违约，造成对方利益受损的行为，应该加大惩罚力度。

鉴于新药创新研发中的高风险性和不确定性，高校应该要制定风险条款。例如：不可抗力因素造成的研发失败，产学研各方共担风险；因为市场需求的急剧变化，产学研研发成果失去了价值，高校不承担责任等。这样的事先规定，能够帮助高校分散一部分的风险，适当维护高校及其研发人员的权益。

（二）优化项目预算，科学管理横向经费

医药产业产学研合作中，高校需要完成大量工作，科研项目经费是这些工作的物质基础，因此，面临着制定合理经费预算的问题。预算的合理性、科学性、正确性是决定项目能否正常进行的关键。众所周知，进行合理的经费预算，必须有尽可能详细、准确的设计和权威的取费定额依据。新药创新研究耗时长，中间有很多不确定性，可是目前的科目经费精准预算模式要求预算按照项目逐条写出数量、金额等，这不仅违背了科研规律，也浪费了科研人员的时间。高校应该遵循新药研发的特殊性，推行按比例概算科研经费的方法，总结计算以前项目中的经费使用比例，为项目申报人员填写预算提供参考。

参考文献

[1] L.A.G. Oerlemans, J. Knoben, M.W. Pretorius. Alliance portfolio diversity, radical and incremental innovation: The moderating role of technology management [J]. Technovation, 2013, 33 (6-7).

[2] Victoria Galán - Muros, Carolin Plewa. What drives and inhibits university - business cooperation in E urope? A comprehensive assessement [J]. R& D Management, 2016, 46 (2).

[3] Claudia Loebbecke, Paul C. van Fenema, Philip Powell. Managing inter-organizational knowledge sharing [J]. Journal of Strategic Information Systems, 2016, 25 (1).

[4] Samuel Ankrah, Omar AL-Tabbaa. Universities–industry collaboration: A systematic review [J]. Scandinavian Journal of Management, 2015, 31 (3).

[5] Lina Anatan. Conceptual Issues in University to Industry Knowledge Transfer Studies: A Literature Review [J]. Procedia - Social and Behavioral Sciences, 2015, 211.

[6] Colin C. J. Cheng, Eelko K. R. E. Huizingh. When Is Open Innovation Beneficial? The Role of Strategic Orientation [J]. Journal of Product Innovation Management, 2014, 31 (6).

[7] Martin Hemmert, Ludwig Bstieler, Hiroyuki Okamuro. Bridging the cultural divide: Trust formation in university–industry research collaborations in the US, Japan, and South Korea [J]. Technovation, 2014, 34 (10).

[8] Jelle de Vries, Jeroen Schepers, Arjan van Weele, Wendy van der Valk.

When do they care to share? How manufacturers make contracted service partners share knowledge [J]. Industrial Marketing Management, 2014, 43 (7).
[9] A. Aslan Şendoğdu, Ahmet Diken. A Research on the Problems Encountered in the Collaboration between University and Industry [J]. Procedia - Social and Behavioral Sciences, 2013, 99.
[10] Edward M. Bergman. Knowledge links between European universities and firms: A review [J]. Papers in Regional Science, 2010, 89 (2).
[11] 周隽, 何鹏飞.基于灰色关联法的广东省产学研合作绩效影响因素的实证分析 [J].黑龙江科学, 2018, 9 (24) : 34-37.
[12] 仝梦云. 产学研合作绩效影响因素的系统动力学分析 [D].山西大学, 2018.
[13] 黄菁菁.产学研协同创新效率及其影响因素研究 [J].软科学, 2017, 31 (05) : 38-42.
[14] 曹阳, 周晓夏. 基于随机前沿分析的我国医药制造业技术开发与成果转化创新效率研究 [J]. 中国药房, 2016, 04: 433-437.
[15] 郑珊珊, 樊一阳, 刘华珍. 基于DEA模型的高技术产业技术创新资源配置效率分析 [J]. 科技管理研究, 2010, 03: 133-135.
[16] 王伟.基于改进DEA的中国高技术产业技术创新效率研究 [J]. 科技进步与对策, 2011, 17: 119-124.
[17] 孙崇文, 秦远建.基于DEA分析法的产学研协同创新效率评价——以湖北省为例 [J].理论月刊, 2018 (04) : 145-150.
[18] 应向伟.基于DEA模型的浙江省分地市和分行业产学研合作效率评价 [J]. 科技通报, 2018, 34 (03) : 264-270.
[19] 杨振中. 山西省科技成果转化效率及对策研究 [D].太原理工大学, 2017.
[20] 史仕新, 李博.基于三阶段DEA的产学研合作效率评价 [J].中国高等教育, 2016 (18) : 46-48.
[21] 刘营, 李存金.我国产学研协同创新效率评价研究——基于全国十年间行业数据 [J].科技和产业, 2014, 14 (03) : 58-63+69.

[22] 叶佳，徐福缘，李佳.产学研合作效率评价研究——基于DEA分析方法[J].技术经济与管理研究，2013（02）：21-24.

[23] 刘民婷，孙卫.基于DEA方法的产学研合作效率评价研究——以陕西省制造业为例[J].科学与科学技术管理，2011，32（03）：11-15.

[24] 刘佳. 山西省规模以上工业企业科技成果转化效率评价及对策研究[D].太原理工大学，2016.

[25] 季佳玉. 产学研合作的模式与机制研究[D].大连理工大学，2008.

[26] 张在群. 政府引导下的产学研协同创新机制研究[D].大连理工大学，2013.

[27] 李恒. 产学研结合创新的法律制度研究[D].华中科技大学，2010.

[28] 郑丽霞，翟磊.产学研合作项目模式与高校科研绩效——R&D投入的中介作用[J].科技管理研究，2017，37（02）：104-110.

[29] 董锋，树琳，李靖云，乔均.产学研协同创新效率及提升路径研究[J].运筹与管理，2018，27（10）：185-192.

[30] 陈怀超，张晶，费玉婷，范建红.中部六省产学研创新效率对省域创新的影响——基于Malmquist指数与灰色关联度的分析[J].科技进步与对策，2018，35（20）：137-143.

[31] 王庆金，王强，李姗姗.高校科技创新投入产出效率评价研究——基于“政产学研金服用”视角[J].管理现代化，2018，38（05）：50-52.

[32] 潘春辉.产学研协同创新效率管理与激励策略[J].中国高校科技，2018（05）：81-82.

[33] 海亮. 四川省制造业产学研合作创新效率研究[D].成都理工大学，2018.

[34] 江诗松，李燕萍，龚丽敏.中国产学研联结的发展历程、模式演化和经验教训[J].自然辩证法研究，2014，30（04）：48-55.

[35] 程丽丽. 资源共享与产学研合作模式选择研究[D].长春工业大学，2018.

[36] 王晨，付朝霞.完善高校技术转移体系　推动区域经济发展[J].河北科技大学学报（社会科学版），2013，13（02）：26-30.

[37] 冯华，单丽曼.中国技术转移效率评价研究——基于Malmquist指数和Bootstrap-DEA的实证分析[J].学习与实践，2016（11）：14-22.

[38] 张玉赋，高凯，孙琳，王君.江苏省产学研合作主要问题及其原因分析研究[J].科技管理研究，2012，32（11）：70-77+86.

[39] .强化顶层设计　创新型国家建设再提速[J].科学大观园，2019（Z1）：132-133.

[40] 李绪稳. 京津冀基本公共服务效率研究[D].河北大学，2017.

[41] 冯锋.产学研协同创新发展现状及对策研究[J].科技与企业，2013（08）：217-218.

[42] 彭友花，陆万春，王锋.地方性本科高校创新创业教育质量评价体系的构建与实践[J].萍乡学院学报，2019，36（05）：105-109.

[43] 金联亚.中国医药行业经济发展与医药企业创新管理[J].上海医药，2013，34（09）：48-51.

[44] 高菲，王峥，龚轶.创新型经济的内涵、架构与中国情境[J].云南财经大学学报，2019，35（12）：16-24.

[45] 孙庆，李璧镜，高磊.地方本科院校概率论与数理统计教学改革探讨[J].学园，2019，12（12）：32-33.

[46] 刘永兵，沈易静.国内创新创业融入本科护理专业教育存在的问题及对策[J].全科护理，2019，17（34）：4338-4340.

[47] 董大壮，彭灿.江苏省产学研合作创新效率的影响因素研究[J].科技与经济，2013，26（01）：1-5.

[48] 刘厚莲.创新正在成为新时代影响人口空间分布的重要因素[J].人口与健康，2019（12）：48-49.

[49] 李梅芳. 产学研合作成效研究[D].武汉理工大学，2011.

[50] 刘满凤，李昕耀.我国战略性新兴产业与传统产业互动发展的计量验证——基于生产函数角度[J].江西财经大学学报，2017（04）：14-23+134.

[51] 曹霞，张路蓬.基于SD仿真的政府行为与产学研合作创新的驱动关系研究[J].科技管理研究，2014，34（24）：50-55.

[52] 姜彤彤.产学研协同创新效率评价研究综述[J].中国管理信息化，2019，22（15）：216-219.

[53] 陈丽莉. 基于DEA的农林类高校科研效率评价研究[D].福建农林大学，

2013.
[54] 张仁寿. 广东低碳经济发展机制的系统动力学研究[D].福建农林大学，2013.
[55] 赵德芳. 产学研合作模式研究[D].武汉纺织大学，2014.
[56] 王文岩，孙福全，申强.产学研合作模式的分类、特征及选择[J].中国科技论坛，2008（05）：37-40.
[57] 孟令徽. 我国风电设备制造产业链整合研究[D].北京交通大学，2011.
[58] 郝丹. 职业教育集团产学一体化项目研究[D].吉林大学，2016.
[59] 陈红梅. 南京研究型大学产学合作现状及对策研究[D].南京航空航天大学，2012.
[60] 雷翔.我国产学研合作的发展现状与特点简述[J].中国安防，2011（12）：13-18.
[61] 陈英杰.论产学研合作机制的优化与创新[J].江苏科技信息，2009（07）：8-10.
[62] 王欣然，徐晓媛，姚文兵.校企合作办学 培养创新创业型高级人才[J].药学教育，2009，25（01）：5-8.
[63] 熊季霞，李洁，朱佩枫，卜胜娟.江苏省产学研合作主要模式及发展对策[J].经济与管理，2011，25（07）：64-68.
[64] 国家科技计划体系如何支持“产业联盟”？[J].中国包装工业，2012（11）：27-33.
[65] 周佳. 基于集群创导的长株潭区域技术创新战略联盟的构建研究[D].中南大学，2009.
[66] 李红宇.论产业技术创新战略联盟背景下高校科技创新团队的培育[J].科技信息，2010（14）：60.
[67] 吴寿仁.产业技术创新战略联盟——国家技术创新工程政策解读之一[J].华东科技，2010（08）：18-19.
[68] 袁胜军，赵相忠.大学科技园文献研究[J].中国高校科技，2011（07）：58-61.
[69] 段媛媛，袭著燕，孙长高.基于供方视角的技术转移模式研究[J].科学与

管理, 2011, 31(01): 38-43.

[70] 李有绪, 李斌.产业技术创新战略联盟的研究现状及展望[J].中国商论, 2018(13): 150-151.

[71] 张玉赋, 高凯, 孙琳, 王君.江苏省产学研合作主要问题及其原因分析研究[J].科技管理研究, 2012, 32(11): 70-77+86.

[72] 郭亚婷.大学科技园转型发展的困境与出路[J].中国高校科技, 2018(04): 84-85.

[73] 阚大学, 吕连菊.产学研协同创新存在的问题与对策: 基于江西省的情况分析[J].江西广播电视大学学报, 2017, 19(02): 56-63.

[74] 韩祥宗, 肖勇.江苏省大学科技创业园的发展及相关建议[J].广东交通职业技术学院学报, 2017, 16(02): 118-121.

[75] 吕连菊, 阚大学.产学研协同创新对经济增长影响的实证研究——以江西省为例[J].科技管理研究, 2017, 37(23): 130-135.

[76] 褚淑贞, 陈怡, 徐芳萍.2017年江苏省医药产业发展报告[J].药学进展, 2018, 42(05): 341-350.

[77] 马晓倩, 周雪梅.我国城商行经营效率研究——基于三阶段DEA和Malmquist指数的分析[J].金融与经济, 2019(11): 30-38.

[78] 季凯文, 孔凡斌.中国生物农业上市公司技术效率测度及提升路径——基于三阶段DEA模型的分析[J].中国农村经济, 2014(08): 42-57+75.

[79] 李漪. 风险视角下的我国保险公司效率研究[D].浙江财经大学, 2016.

[80] 史书强, 丁岩.辽宁省级农业科研单位科技推广项目技术效率研究——基于辽宁省农业科学院372个农业科技推广项目[J].农业科技管理, 2016, 35(02): 66-70.

[81] 肖雅, 郭晓顺.新三板高新技术企业股权融资效率评价[J].财会月刊, 2018(11): 57-61.

[82] 盛翔. 区域创新产出的差异比较及影响因素的实证研究[D].浙江工商大学, 2012.

[83] 刘立志. 我国通信业全要素生产率增长率测度方法及其实证研究[D].武汉理工大学, 2008.

[84] 徐书彬，叶晗堃.跨境电商上市企业经营效率评价——基于三阶段DEA模型[J].技术经济与管理研究，2019(10)：75-81.
[85] 陈拥贤.高校产学研结合的现状分析及对策——基于长株潭城市群的调研[J].当代教育论坛，2013(05)：9-15.
[86] 唐中明，刘桂文，何湘波.郴州政产学研协同创新机制研究[J].湘南学院学报，2014，35(03)：1-4+17.
[87] 何伟泉.广东省产学研合作现状分析与思考[J].科技管理研究，2012，32(15)：30-33.
[88] 余爱国.知识产权金融创新实践浅谈[J].中国发明与专利，2007(12)：58-60.
[89] 李洁，朱佩枫，熊季霞.江苏省产学研合作政策体系现状及政策创新研究[J].科技管理研究，2011，31(17)：49-52.
[90] 张镧.湖北省科技体制改革评价及展望[J].科技进步与对策，2012，29(20)：47-51.
[91] 龚振湘.美国产学研合作成功经验及启示[J].湖南师范大学教育科学学报，2009，8(04)：77-81.
[92] 管军，孙红.基于校企合作视角的邯郸市高新技术产业发展战略研究[J].河北工程大学学报(社会科学版)，2010，27(01)：3-5+81.
[93] 曾红元.基于产学研合作的研究生创新能力培养机制[J].创新与创业教育，2012，3(04)：42-44.